JN102454

フランス憲法と社会

小林真紀
蛯原健介
菅原　真　編著

法律文化社

序　論

　本書『フランス憲法と社会』は，「フランス憲法を現代社会のダイナミズムの中で理解する」ための「フランス憲法の入門書」である。読者としては，まず，法学部のゼミなどでフランス憲法に初めて触れる学生，および「外国法」，「フランス法」あるいは「比較憲法」のような科目を受講し，特にフランス憲法に関心を抱くようになった学生を対象としている。加えて，フランス社会で起こっているさまざまな現代的問題に何らかの関心を抱いている法学以外の学問を専攻する学生，さらには一般の市民も念頭においている。このように，比較的幅広い読者を想定していることから，この序論では，本書の目的と構成について簡単に述べ，読者にとっての道標を示すことにしたい。

1　本書の目的

　一般的に，法学は，国際法のように，扱われる研究対象がそもそも国際的な性質をもつ一部の領域を除けば，基本的には国内法を対象とするドメスティックな学問である。日本の大学の法学部で，憲法といえば，まず，日本国憲法に基礎をおく統治機構や，憲法で保障されている種々の人権について学ぶことが中心となる。法学部に入学した学生が，初回の憲法の授業で，いきなりフランス憲法についての講釈を受けたり，フランス語で条文を読むことを求められたりすることはない。もちろん，「外国法（フランス法）」や「比較憲法」といった科目の中でフランス憲法が取り上げられることはあるが，大抵の場合，これらの科目は一通り日本法を勉強したあとに学ぶことが前提とされているし，実際にそのほうが理解を深めやすい。そのため，通常，外国法を学ぶ際には，日本法との接点を探すという視点から，最初に当該外国法を学ぶ意義について考えることが推奨される。たとえば，「フランス法」を学ぶ意義としては，明治時代に，フランス人の法学者ボアソナードが日本に招聘され，（旧）刑法典や，

（実際に施行されることはなかったものの）民法典（ボアソナード法典）が編纂されたことなどに鑑み，近代における日本法の形成過程にフランス法が大きな影響を与えたことが挙げられるだろう。

　では，「フランス法」ではなく「フランス憲法」を，入門書を通じて学ぶ意義はどこにあるのだろうか。現行の日本国憲法は，違憲審査制度に象徴されるように，直接的にはアメリカ法の影響を強く受けており，フランス憲法，特に現行の第五共和制憲法と強いつながりがあるわけではない。また，第五共和制憲法は，歴史的な形成過程の面でも，また内容的な面でも，日本国憲法のそれとは明らかに異なる特徴をもっており，類似性という視点からも共通項は見出しにくい。確かに，しばしばフランス憲法の専門書で指摘されるように，フランス型立憲主義の特徴や理念を分析し検証することが，日本における憲法理論の深化に貢献しうるということはいえるだろう。しかし，本書は，あくまで「フランス憲法の入門書」であり，そのような理論的な側面から，日本法（とりわけ憲法）との関係を専門的に論じることを主たる目的とする本ではない。

　話を元に戻そう。入門書を通じて「フランス憲法」を概観することの意義の１つは，「日本の憲法」を《外側から見る》きっかけになるという点にある。言い換えれば，国内法という内側にとどまっていては気づきにくい日本法の特徴を，より客観的に把握できるようになるということである。巻末の第五共和制憲法の和訳を見れば，最初に，章立ての面で日本国憲法と明らかに違うことに気づくだろう。もちろん，国が変われば憲法も変わるのは当然であり，違いがあること自体は驚くべきことではないが，日本国憲法を眺めるだけでは気づきにくい「憲法の章立てにどのような意味があるか」という視点は，外国の憲法を学んで初めて体得できるものの見方である。

　そして，このように日本法を《外側から見る》ことができるようになると，次に，社会で起こる問題についても多角的な視点から考察できるようになる。本書のタイトル『フランス憲法と社会』は，まさにこのことをねらいとしている。すなわち，このタイトルには，本書を手に取った読者が，フランス憲法という新たな切り口から，フランス社会で現に起こっている問題の中身と，それに対処しようと四苦八苦するフランス国家の現状を知ることで思考を深め，ひいてはそこから現在（あるいは近い将来に）日本が直面する問題に対する示唆を

導き出せるのではないかという期待が込められているのである。

2　本書の構成

本書が上述のような目的をもつ入門書であることを踏まえ，まずは読者にとって「読みやすい」本になるよう構成の面で工夫を凝らした。そのため，第1部と第2部は，それぞれ異なる趣旨に基づき構成されている。

(1)　第1部

第1部は，現行のフランス憲法である1958年10月4日の第五共和制憲法の特徴を踏まえた上で，憲法の骨格を示すことを目指している。複数ある第五共和制憲法の特徴の中でも，とりわけ，①現行憲法の仕組みは，歴史的形成過程と切り離して考えることはできないこと，②現行憲法の条文のほとんどが，統治機構に関わる規定であること，③憲法の条文だけを見ると司法機関に関わる規定はきわめて少ないが，フランス法秩序全体を支える機関として裁判所は重要な役割を果たしていること，④現行のフランス法秩序は，ヨーロッパ法との関係を無視しては理解しえないことという4点が際立っているといえる。そこで，第1部は，これらの特徴について1章ずつ項目を立て，基本的な枠組みを説明するという形をとった。各章のねらいを以下で簡単に述べておきたい。

第1章では，フランスで，王政，共和政そして帝政と一定のサイクルで歴史が繰り返されてきたことに着目し，その都度，姿かたちを変えてきた憲法を整理し，第五共和制憲法に至るまでの憲法史を概観する。現行のフランス憲法は，大統領を中心とする強い執行権を実現し，合理化された議会制をとる点に大きな特徴がある。実は，こうした憲法体制が構築されるに至った理由を分析すると，フランス憲法が大革命以降に辿ってきた歴史や伝統と切り離しては考えられないことがわかる。たとえば，同じ共和政体をとりながら，第三・第四共和制と，現行の第五共和制とでは，統治機構のあり方に大きな違いがある。そのような違いが生まれた原因を追究する場合には，当時のフランスがおかれていた政治的背景を考慮に入れることが必須となる。

第2章では，現行憲法下における統治機構の大枠とその特徴を提示する。第

五共和制憲法に関しては，旧植民地および EU との関係に関する規定を除けば，その条文のほとんどが，統治機構，中でも，執行権と立法権に関わる規定で占められている。憲法上，強い権限を付与されている大統領を中心とした執行権の存在がとりわけ顕著であるが，それ以外にも，合理化された議会制という観点からは，政府と国会の間の関係にもフランスに固有な性質が認められることは看過しえない。また，1958年に第五共和制憲法が制定されてから現在までに実施された24回の憲法改正に関しては，その時々に，フランスに固有な事情があったことを理解する必要がある。

　第3章では，第五共和制憲法下での人権保障の実現に不可欠な役割を果たしている裁判組織を取り扱う。もっとも，憲法院に関わる事項を除けば，第五共和制憲法自体には裁判所に関する規定はごくわずかしかなく，それゆえ，本国フランスで発行されている主だった憲法の概説書の中に，司法権あるいは裁判所の組織についての記述はほとんど見当たらない。しかし，フランスも三権分立をとる国であることは変わりないし，本来，憲法上で謳われているさまざまな権利・自由は，裁判を通じてその保障が具現化されるものであることを考慮すれば，フランス憲法を理解するために裁判組織の全体像を把握しておくことは重要であろう。

　第1部の最終章である第4章では，フランス法とヨーロッパ法の関係を取り上げる。フランス国内法秩序は，憲法を頂点とする階層化された法規範から成り立っているが，現実には，憲法であれ，法律であれ，EU 法あるいはヨーロッパ人権条約の影響を免れることができない状況にある。毎年，フランスの国会では，多くの法律が，EU 法の国内法への転換措置の一環として制定されているし，ヨーロッパ人権裁判所から条約違反の宣告を受けたことに伴い，フランスの国会が国内法規定を改正したり，国内裁判所が判例の変更を余儀なくされたりするなど，フランス法の随所にヨーロッパ法の影響が及んでいることは明らかである。

　以上のような点を前提として，第1部は，全体を通じて，フランス憲法の骨組みを，できる限りシンプルかつ分かりやすく説明することを目指している。

(2) 第2部

本書の第2部は，いわば「フランスの人権各論」ともいうべき内容となっている。上述したように，現行の第五共和制憲法自体には，人権保障に関する具体的な条文がほとんど含まれていない。しかし，実際には，1789年の人権宣言をはじめとするその他の法文や，憲法院の判例によって保障の中身が具現化され拡大されてきた。したがって，現行のフランス憲法の枠組みで保障されている人権の射程はきわめて広範であり，本書でそれらを網羅的に扱うことは不可能である。そこで，第2部第1章において，フランスにおける人権保障の特徴を概観した上で，第2部第2章以下で，特に憲法との関係で重大な問題が生じており，それに対して，フランスが憲法改正や法律の制定といった具体的な手段を用いて対処してきた分野を取り上げることにした。憲法上の抽象的な規定が，現代社会で起こる諸問題に適用されたときに，そこからいかなる解決策が導き出されるのかという視点からフランス憲法を分析することは，フランス社会のダイナミズムを把握するために最適のアプローチであると思われる。

具体的なテーマとしては，パリテ（第2章），移民問題（第3章），同性婚（第4章），生命倫理（第5章），環境問題（第6章），ライシテ（第7章），デモ・ストライキ（第8章），食文化（第9章），感染症対策（第10章）を扱う。これらのテーマは，どれも現行のフランス憲法で保障されている権利や自由とかかわりをもつが，そうなるに至った過程や保障の程度は一様ではない。一例として，第7章で扱うライシテの概念は，当初は，政教分離あるいは公教育における非宗教性の確保という視点から法律によって保障されていたが，第四・第五共和制になって，憲法上の原理にいわば格上げされ，明文で認められるに至ったものである。これに対して，第5章に登場する生命倫理に関しては，現段階でも，憲法上保障されるべき権利が明文で定められているわけではないが，憲法院の判例の中で認められた「人間の尊厳」という原理に基づき，具体的な枠組みが法律で整備されてきた。このように，テーマによって，フランス憲法との関わりに差異はあるものの，いずれも日本では立法が進んでいない分野であり，今後の日本法に対する示唆を得るという視点からも検討に値するテーマである。

最終的には，本書の第1部で示したフランス憲法秩序の《骨格》を，第2部で扱うそれぞれのテーマによって《肉付け》することで，読者は，より具体的

かつ実践的な視点から，フランス憲法と，それに支えられているフランス社会の全体像を把握することができるであろう。

　なお，フランス憲法の基本的な専門用語や，フランス法に固有な概念については，第1部および第2部を通じて，できるだけ訳語を統一するように努めた。巻末の「フランス憲法関連資料」に収められている，1958年憲法，1789年人権宣言，第四共和制憲法前文および2004年環境憲章の和訳についても，まず，編著者がそれぞれ原文をもとに翻訳し，その後に文体や訳語を調整・統一することで，全体として読みやすいものになるよう配慮した。読者は，本書を読み進める際に，適宜，巻末の憲法の和訳を参照することで，本書の中身をさらに深く理解できるのではないかと思う。他方で，第2部の各章に関しては，テーマの多様性および特殊性をいかすという趣旨から，各執筆者の文体を尊重し，敢えて調整をしていない。読者からすると，章によってはややバラバラな印象を抱かれるかもしれないが，編者としては，こうした文章表現の違いからも，それぞれの執筆者が当該テーマを通してフランス社会をどのように捉えているかをうかがい知ることができるのではないかと考えている。

　最後に，繰り返し述べているように，本書は「フランス憲法の入門書」であり，とりわけ第1部は，現行の憲法体制の基本的な枠組みを提示するにとどまっている。そうであるとしても，本書のベースには，これまでわが国で積み重ねられてきた，フランス法あるいはフランス憲法に関わるすぐれた先行研究があることは言うまでもない。そこで，第1部の末尾には，それらのうち代表的なものを，そして第2部では章ごとに関連する専門書や論文を，それぞれ参考文献として列挙した。本書をきっかけに，フランス憲法，さらには広くフランス社会が抱える法的な問題に対して，深い学問的関心を抱き，こうした参考文献をもとにさらなる知識と思考の深化を目指そうという読者が増えることを期待したい。最終的に，本書が，フランス法やフランス憲法に関わるすぐれた先行研究と読者を結びつける架橋になるとすれば，それは，執筆者一同にとって，望外の喜びである。

第 **1** 部

フランスの憲法制度

国務院の写真（2018年撮影）

国務院は，1799年にナポレオンによって創設された歴史のある機関である。1875年より，パ
リ1区パレ・ロワイヤルに位置する。毎年，「欧州文化遺産の日」には，隣接する憲法院や
文化省とともに，無料で一般公開されている。

撮影：小林真紀

第1章

フランス憲法の歴史

1 はじめに

　今から4万年ほど前，現在のフランスにあたる地域には，新人に属するクロマニョン人が住んでいた。有名なラスコーの洞窟壁画は旧石器時代後期のものと考えられている。その後，紀元前数世紀頃から，フランスの地にケルト族の一派であるガリア人が居住するようになり，この地はガリアと呼ばれるようになった。ところが，紀元前1世紀に，カエサルによってガリアは征服され，ガリアはローマの属州になった。これに伴い，フランスの地では，ローマ法が適用されるようになったが，フランク王国の時代には，ゲルマン部族の侵入に伴ってゲルマン法がもたらされ，中世封建制期には，教会法も広汎に適用されて，世俗法にまで影響を及ぼしていた。

　フランス法の歴史においては，ローマの属州となった紀元前1世紀から1789年の大革命の勃発までの期間を「古法時代」と呼んでいる。しかし，フランス憲法の歴史を概観するに際して，ローマ属州時代以前は省くこととし，フランク王国が建設された5世紀末から始めることにしたい。

2 フランク王国の建設から1789年まで

　フランスという名称は，フランク族に由来する。フランク系部族を統一し，メロヴィング朝のフランク王国を建設した（486年）のは，クローヴィスであった。クローヴィスは，家臣とともに，ローマ人に信仰されていたアタナシウス派キリスト教に改宗し，ローマ人の信頼を得ることができた。フランク王国は，カロリング朝のシャルルマーニュの治世に西ヨーロッパの中核になる部分を掌握し，絶頂期を迎える。シャルルマーニュは，800年にローマ教皇レオ3世に

より，西ローマ帝国皇帝として戴冠され，これによってフランク王国とローマ教会との関係が強化された。

シャルルマーニュの死後，中央権力は弱体化し，843年のヴェルダン条約によりフランク王国は3分割された。このうち，西フランク王国が，「Francia」すなわちフランスと呼ばれるようになる。フランスの直接的な起源はここにある。さらに870年のメルセン条約による新たな分割で，のちのフランス，ドイツ，イタリアの基礎となる国境が姿を現すこととなった。

カロリング家の断絶後，パリ伯ユーグ・カペーがフランス国王に選出され，987年にカペー朝が創始された。カペー朝においても，当初は王権は弱体であり，国王といえども，各地に割拠していた封建諸侯に対して，政治的実権を行使することはできなかった。国王の裁判権にも限界があり，領主裁判権や教会裁判権が大きな影響力をもっていた。しかし，11世紀に入ると，カペー朝では世襲制が確立し，12世紀末から王権の伸長が見られるようになり，その後のブルボン朝の下で，フランス絶対王政の絶頂期を迎えることになる。

絶対王政下のフランスでは，第一身分の聖職者は人口の0.5%，第二身分の貴族は1.5%にすぎず，農民や市民からなる第三身分が人口のほとんどを占めている状況であった。このうち，第一身分と第二身分は広大な土地を保有し，封建的な特権を認められていた。他方で，政治上の権利を求める第三身分の主張は退けられ，農民は重い税負担に苦しめられていた。ルイ14世の晩年以降，南ネーデルラント継承戦争，オランダ侵略戦争，ファルツ戦争，スペイン継承戦争といった対外戦争によって財政は悪化し，1685年のナントの勅令の廃止により，ユグノーの多くがフランスを去り，フランス経済に深刻な打撃を与えた。

王権は，財政再建のために，特権階級への課税を図るも，最高法院の反対で挫折。アメリカ独立への援助で財政は危機的状態に陥り，新規課税の審議権をもつ全国身分会議（États généraux）が1789年5月5日にヴェルサイユで開かれた。ルイ13世時代以来175年ぶりのことであった。

全国身分会議の議員の数は第一身分と第二身分がそれぞれ約300名，第三身分が約600名であった。下級聖職者には改革に理解を示す者も少なくなかった。会議では，議決方法をめぐって紛糾した。第一身分と第二身分は身分別の議決を主張し，第三身分は全体での議決を主張した。さらに，第三身分は，独自に

国民議会を組織し，一部聖職者議員もこれに加わった。1789年 7 月 9 日には，国民議会は改称され，立憲議会として発足した。しかし，国王は武力をもってこれを弾圧しようとしたため，市民が反発し， 7 月14日にはパリのバスティーユ監獄が襲撃され，これがきっかけとなって全国に暴動が広がった。大革命の勃発である。

3 1791年憲法と1793年憲法

(1) 人および市民の権利宣言

　1789年 8 月26日の「人および市民の権利宣言」（1789年宣言）は，後に制定される1791年憲法とともに，近代憲法の基礎的な観念を示したものといわれている。その起草が国民議会で提案されたのは，1789年 6 月19日のことであり，作業開始から比較的短期間で作られたものである。国民議会では，権利宣言が憲法に前置されるべきこと，先に審議すべきことが決められた。 8 月 4 日夜の封建制廃止の議決を受け，いくつかの草案が審議された結果， 8 月20日から26日にかけての本会議で，前文と17か条からなる権利宣言が採択された。

　1789年宣言は，その 1 条において，「人は，自由かつ権利において平等なものとして生まれ，存在する」とし， 2 条では，あらゆる「政治的結合」の目的が，「時効によって消滅することのない人の自然権」，すなわち，「自由，所有，安全および圧政への抵抗」の保全にあることが規定された。ここで，「圧政への抵抗」が自然権の一つとして掲げられているのは，この大革命自体が「圧政への抵抗」であって，そこから生まれた権利宣言の正統性を根拠づけるねらいがあったものと考えられる。このような自然権は，もともと人間が生まれながらにして当然にもっている権利であって，いかなる権力によっても侵すことができないものとされている。人権の不可侵性を定式化したものといえよう。

　自由については，「他人を害しないすべてのことをなしうることである」（第 4 条）として限界があることが示された上で，精神的自由，人身の自由，経済的自由に関する具体的な規定がおかれている。精神的自由については，10条で「何人も，自己の意見の表明が法律によって定められた公の秩序を害しない限り，たとえ宗教上のものであっても，その意見について不安を与えられてはな

らない」として意見の自由が定められている。また，表現の自由についても，11条で「思想および意見の自由な伝達は，人の最も貴重な権利の一つである。したがって，すべての市民は，法律が定める場合に，その自由の濫用について責任を負うほかは，自由に話し，書き，印刷することができる」と規定された。

　人身の自由については，7条で「何人も，法律が定めた場合で，かつ法律が定めた手続によらなければ，訴追され，逮捕され，または拘禁されない」として法定手続主義が定められたほか，8条では「法律は，厳格かつ明白に必要な処罰でなければ定めてはならない。何人も，犯行以前に制定され，公布され，かつ適法に適用された法律によらなければ処罰されない」として罪刑法定主義と遡及処罰禁止の原則が定められた。また，9条は，「何人も，有罪を宣告されるまでは無罪推定がなされる。それゆえ，逮捕が不可欠であると判断された場合でも，その身柄の確保にとって不必要に厳しい強制は，法律によって厳重に抑止されなければならない」として無罪推定原則を定めた。

　財産権について，「所有は，侵すことのできない神聖な権利」(17条)であるとして，その神聖・不可侵性が宣言されており，ここに人権宣言のブルジョア的性格を見出すことができる。

　以上のような「人の権利」のほかに，1789年宣言は，「市民の権利」として，市民の立法参加権，公務就任権，租税決定権，公務員に対する報告請求権などの政治的な権利も規定している。とりわけ，「法律は一般意思の表明である。すべての市民は，みずからまたはその代表者を通じて，法律の形成に参加する権利をもつ」という6条の規定が有名である。さらに，16条の「権利の保障が確保されず，権力の分立が定められていないすべての社会は，憲法をもたない」という規定は，近代立憲主義の原則を端的に示すものである。

　平等については，6条が規定するように「法律は，それが人を保護する場合でも，処罰を加える場合でも，すべての人に対して同一でなければならない」という「形式的平等」の観念に基づいていた。それは，すべての人に平等に人権があり，法的には平等の価値をもっているものとして扱われるということである。絶対王政下で特権階級が握っていた免税特権は当然許されない。13条は，「共通の租税は，すべての市民の間で，その能力に応じて平等に分担されなければならない」と定めている。もっとも，1789年宣言における平等は，現実に

人びとの間に存在する社会的・経済的不平等を積極的に是正することを求める「実質的平等」ではなかった。

1789年宣言が採択された時点では，まだ憲法典は成立しておらず，のちに1791年の憲法典が制定された段階で，1789年宣言の規定がそのまま付加されている。この人権宣言が時代を超えて影響力をもち，今日の第五共和制憲法の下でも裁判規範としての効力を有し，現行憲法の一部をなしているのは，1791年の憲法典とは別のものとして存在していたからだといえよう。

(2) オランプ・ドゥ・グージュの「女性の権利宣言」

1789年宣言は，すべての人と市民の権利の保障を謳っていたが，実際には，革命期の法制でも女性の権利は大きく制限されていた。こうした状況を批判して，1791年に，オランプ・ドゥ・グージュは「女性および女性市民の権利宣言」を発表した。グージュは，1789年宣言の17か条を変更して，男女両性を権利の主体とし，さらに，「女性は処刑台にのぼる権利があるとともに，……演壇にのぼる権利がある」「女性が表現の自由をもつのは，子どもに父親との関係を述べる必要があるからである」といった規定を加えて，女性の表現の自由を主張した。この宣言は，その後，フェミニズムの基礎となっていくが，第二次世界大戦が終わるまで，フランスでは女性には参政権が認められなかった。

(3) 1791年憲法

1791年9月3日に採択された1791年憲法は，フランスにおける最初の近代的成文憲法典であり，全7篇207か条からなる。この憲法の第Ⅱ篇では，フランス人を父としてフランスで出生した者，外国人を父としてフランスで出生し居住する者，フランス人を父として外国で出生しフランスに居住して市民宣誓をした者などがフランス市民として認められた。また，第Ⅲ篇では，権力の淵源が君主にではなく，国民の側にあることが宣言されている。「主権は，単一，不可分，不可譲であり，時効によって消滅しない。主権は，国民に属する」として，「国民（ナシオン）主権」の原理が宣明された。さらに，「あらゆる権力は，国民のみに由来し，国民は代表者を通じてのみそれを行使することができる。フランス憲法は，代表制を採用する。代表者は立法府と国王である」として，

君主制を維持しながら国民代表制が採用されている。

　立法議会を構成するための「能動市民」の資格は，満25歳以上で，居住資格を満たし，3労働日に値する直接税を支払うフランス人男性で，奉公人の身分にはなく，市民宣誓をした者に限定された。加えて，間接選挙制のために能動市民の中から選ばれる選挙人には，さらに厳しい要件が課された。当時の人口約2600万人，成年男子人口約700万人のうち，能動市民は約430万人で，実質的な選挙人は4万人程度にすぎなかった。

　1791年憲法では，狭い意味での「国民（ナシオン）主権」の原理が取り入れられ，主権の主体としての国民は，観念的・抽象的な国籍保持者の総体と考えられた。ここでいう国民は，それ自体としては，本来意思決定能力のないものとされ，主権の行使は，意思決定能力をもった国民代表に委ねられることとされた。

　また，国民代表は，国民の意思から独立して行動できるものとされ，「命令的委任」は禁止された。議員は，「全国民の代表」なのであって，自己を選出した選挙人や選挙区の代理人ではないのであるから，選挙人や選挙区の指令には拘束されないということである。かくして，国民代表と国民との間の強制的・命令的な委任関係は否定された。

　このように1791年憲法は，国民主権原理の上に立憲君主政国家を構築しようとしたものであるが，もはや国王は主権者ではなく，主権者である国民から執行権を委任された執行権の首長にすぎない。こうして，国民の意思を体現するのは議会にほかならないという立法権優位の思想が，以後，フランス憲法の伝統にもなっていくのである。

⑷　1793年憲法

　1791年6月，革命の急進化に不安をもったルイ16世は，パリを脱出してマリー・アントワネットの母国であるオーストリアへの亡命を図ったが失敗し，パリに連れ戻された（ヴァレンヌ逃亡事件）。1792年8月10日，民衆がチュイルリー宮殿を襲撃すると，議会は王権を停止し，普通選挙による国民公会の招集を布告した。同年9月に男子普通選挙によって選出された国民公会は，王政の廃止や共和制憲法の制定を決定した。国民公会では国王の裁判が行われ，死刑が可

決された。1793年1月，ルイ16世は処刑され，10月にはマリー・アントワネットも処刑された。革命軍の攻勢と国王処刑は，イギリスなどの周辺諸国の警戒心を強め，イギリスのピット首相の呼びかけで第1回対仏大同盟が結成された。憲法制定に向けて，数多くの憲法草案が提示されたが，穏健派のジロンド派が追放された後，国民公会には急進派のモンターニュ主流派の憲法草案が提案され，1793年6月24日に採択された。これが1793年憲法，いわゆるジャコバン憲法である。

1793年憲法においても，冒頭に「人および市民の権利宣言」が掲げられているが，この人権宣言は，1789年の人権宣言よりも進んだ内容になっている。

その1条は，社会の目的が共同の幸福にあり，政府は人間の自然的諸権利の享受を保障するために設立されることを宣言し，2条では，そうした権利として「平等，自由，安全，所有」が挙げられている。平等が自然権として保障されるべきことが明記されている点が特徴的である。

1793年の人権宣言には，不幸な市民に労働または生活手段を提供する社会の義務，全市民に教育を提供する社会の義務がおかれている。これらの規定は，社会権保障の萌芽を示したものといわれているが，個人の所有権・経済的自由権を侵害しない範囲での配慮を定めたものにすぎず，明確な権利として保障されたものではなかった。1789年の人権宣言と同じく，財産権の絶対的性格は基本的に維持されていたのである。

1793年の人権宣言は，1791年憲法とは異なり，すべての市民の総体としての人民（プープル）を主体とし，市民がみずから主権を行使できる「人民（プープル）主権」の原理を掲げた。主権者人民を構成する市民には一定の外国人をも含みうることが認められ，人民拒否や人民投票によって，主権者が意思決定に参画する直接民主制的な統治原理が採用された。議会は，一院制で毎年改選され，普通選挙制がとられたが，女子には参政権は認められていなかった。議会統治制という独特の統治形態が採用され，執行権は，議会により選出される合議制の執行評議会に委ねられた。

しかし，1793年憲法は，革命期の政情不安のため，革命政府によって施行が延期され，その後も実際に施行されることはなかった。革命防衛のための改革が行われ，革命裁判所，公安委員会，保安委員会などが設置され，ロベスピエー

ルを中心とするジャコバン派による独裁が出現した。ジロンド派の議員や大臣の多くは逮捕され，処刑された。国民公会では共和暦の採用が決定され，非キリスト教運動が進められた。

1794年7月27日，国民公会の反ロベスピエール派が「テルミドールの反動」と呼ばれるクーデタを決行し，急進派の恐怖政治による独裁は崩壊した。これ以後，中間派有産市民を主体とする穏健派が実権を握り，急進的な傾向は鈍化することとなった。

4 1795年憲法から第一帝政まで

(1) 1795年憲法

1795年憲法（共和暦3年憲法）は，穏健な共和主義者が有力になった国民公会において発布されたものである。初めて二院制を採用した憲法であり，全文337条からなる詳細な規定をおいているが，1793年憲法に比べてかなり保守化した内容をもつ。

人権規定としては，「人および市民の権利および義務の宣言」がおかれ，権利条項だけでなく義務条項が含まれている。1793年の人権宣言が定めていた社会権的な規定や抵抗権の規定は姿を消した。

主権原理についても，主権の主体は市民の総体であるとしつつも，実際には，市民の要件の中に租税要件を加え，納税市民である有産階級に限定した。制限選挙制の復活に加え，2段階の間接選挙制を採用しており，実質的には，1791年憲法の「国民（ナシオン）主権」に近いものとなっていた。五百人会と元老院からなる二院制が採用されたのは，権力の集中を避ける意図によるものである。立法の実質は五百人会に，五百人会による立法手続の監視は元老院に委ねられた。また，執行権は，五百人会が提出する名簿から元老院が選出する5名の執政官からなる執政府に委ねられたが，その権限は限定されていた。国王や革命政府の独裁に対する反動のあらわれといえる。

テルミドールの反動後，民衆の生活は苦しく，無産階級は強い不満をもっていた。1796年5月に，バブーフを指導者とする一派が，私有財産制度の廃止を唱えて政府転覆を計画したが，実行前に密告されて失敗に終わり，バブーフら

は処刑された（バブーフの陰謀）。

(2) 1799年憲法

　1795年憲法体制下では，執行権の権限が限定されていたこともあって，政情は不安定であった。こうした状況にあって頭角を現したのがナポレオン・ボナパルトであった。1796年にイタリア派遣軍司令官としてオーストリア軍を破り，さらに，1798年には当時オスマン・トルコ領であったエジプトに遠征。これに対して，イギリスは，ロシア・オーストリアと第2回対仏大同盟を構築した。執政府は貧困市民や農民層と対立し，危機的状況に陥りかけたところで，ナポレオンはエジプトから急ぎ帰国し，1799年11月9日にクーデタを決行した（ブリュメール18日のクーデタ）。

　ナポレオンは，強力な執行権づくりを目指し，1791年憲法の制定にも関わったシェースらとともに新憲法の制定に着手し，共和暦8年（1799年）憲法が制定された。執行権は，合議制執行機関の伝統を継承したものとなり，3人の統領からなる統領府に属する。統領は，ナポレオン，カンバセレス，ルブランの3人であるが，第一統領であるナポレオンが実権を握り，他の2人よりも強い権限を行使した。

　立法機関については，ⓐ法案を作成し，政府側の立場からこれを弁護する国務院，ⓑ人民の利益を代弁して原案に批判を加える護民院，ⓒこれら両機関の主張を聴いた上で法律の賛否を決定する立法府，ⓓ法律の合憲性を審査する護憲元老院という4つの機関から構成された。このような独創的な制度は，ナポレオンが独裁的地位を強化していくその後の憲法体制においても基本的に維持されたが，その権限は弱められていく。なお，ナポレオンによる一連の諸法典は，この立法機関において審議，議決されたものである。

(3) 1802年と1804年の元老院議決

　ナポレオンは，第一統領に就任したのち，1799年憲法の修正を内容とする元老院議決を国民投票で追認する手法をとり，独裁体制を固めていく。1802年8月4日の元老院決議は，ナポレオンが終身統領となることを定めている。ナポレオンがとった元老院議決を国民投票で追認する手法は，「プレビシット」と

呼ばれているが，すでに方針が決定している事項について，国民の同意を擬制してさらなる正当性を付与するために投票にかけるものであり，独裁者が自らの支配権を正当化するためにたびたび用いられてきた。

　1804年5月18日の元老院議決においてもまた，1799年憲法の内容の修正を国民投票によって追認する手法がとられた。これによりナポレオンは皇帝となり，政体は共和政から帝政に変わった。第一共和制は終了し，第一帝政が成立した。しかし，1812年のロシア遠征の失敗など対外的な軍事上の敗北によってナポレオンの支配は崩壊し，かれはエルバ島に流された。

5　王政復古からパリ・コミューンまで

(1)　1814年憲章と「百日天下」

　ナポレオンがエルバ島に流されたのち，ルイ16世の弟が帰国し，ルイ18世として即位してブルボン朝の王政が復活した。王政復古に伴い制定されたのが，1814年6月4日の憲章（シャルト）である。これは，民定憲法ではなく，君主主権に基づき，国王が制定する形式をとった欽定憲章である。ナポレオン戦争後の秩序を討議するためにウィーン会議が開かれたが，列国の利害が対立して議事はまとまらなかった。こうした情勢を見てナポレオンはエルバ島を脱出してパリに戻り，1815年3月に再び帝位についた。この「百日天下」における統治体制は，1815年4月22日の帝政憲法典付加法に定められたが，その内容は，帝政時代の憲法を受け継ぐものであった。しかし，ナポレオンは，1815年6月にワーテルローの戦いで敗北し，再び退位。アフリカ大陸西岸より約2800km離れた南大西洋のセント・ヘレナ島に流され，1821年5月に死去するまで同島のロングウッド・ハウスで余生を過ごした。かくしてルイ18世が王位に復し，1814年憲章が復活した。

　ブルボン復古王政は，大革命と帝政の正統性を全面的に否定し，革命前の旧体制との連続性を目指すものであった。「憲法」ではなく，「シャルト」と称したのも，こうした建前の表れといえよう。しかし，現実には革命前に戻すのは不可能であり，1814年憲章においても，人権ならぬ「フランス人の公権」として，法律の前の平等，所有の不可侵が定められ，民法典の効力が維持されるこ

とも認められた。

(2) 1830年憲章

　1824年，ルイ18世の弟シャルル10世が即位すると，反動的な傾向はますます強まった。かれは，旧体制の復活を目指し，議会との間に軋轢が生じた。大革命で土地を没収された亡命貴族に多額の補償金を出し，国民軍を解散するといった政策が進められ，さらに，国民の不満を外にそらすためにアルジェリア出兵が行われた。1830年5月，シャルル10世は，内閣不信任案を決議した議会を解散したが，7月の選挙では国王反対派が多数を占めた。国王は，選挙結果を無視する強硬策に出たが，7月27日に市民がパリで革命を起こし，「栄光の3日間」といわれる戦闘の末，シャルル10世は追放された。革命派内部では，共和政派と立憲君主政派との対立があり，妥協策として，自由主義者として知られていたオルレアン家のルイ・フィリップが「フランス国民の王」となった（七月王政）。

　この7月革命を受けて，1814年憲章は改正され，1830年8月14日の憲章（シャルト）が成立した。この憲章は，国王と国民との協約に基づく協約憲法の形式をとっている。また，この時代には，議会の多数派によって選出される同質の大臣により，事実上の内閣が形成されていった。こうした内閣は，国王と議会の両者の信任を要する点で，二元型の議院内閣制であり，このような議院内閣制は，「オルレアン型議院内閣制」と呼ばれている。

(3) 第二共和制・第二帝政

　7月王政の後半には，労働者や共和主義者が普通選挙要求運動を繰り広げるようになり，これを背景に初期社会主義の理論が形成されていく。1848年2月にはルイ・ブランなどを指導者とする2月革命が起こり，第二共和制が成立した。普通選挙で選ばれた憲法制定議会では，穏健共和派が多数を占めるに至り，労働者層の求めていた社会改革の方向は押しつぶされていく。こうした状況の中で，1848年11月4日に制定された第二共和制憲法では，公選の大統領と一院制議会がおかれた。普通選挙制度が導入されたものの，選挙権行使のために3年間同一市町村に居住することが要件として定められ，職を求めて移動する労

働者層の選挙権行使は妨げられた。また，同憲法の冒頭におかれた人権宣言には，無償の初等教育や労働者の雇用の確保といった社会権的な規定も含まれていたが，社会改革の方向性が否定された上で制定された憲法であることに鑑みると，その社会的性格を強調するのはあまり適切ではない。

ところで，1848年12月に大統領に当選したルイ・ナポレオンは，憲法の大統領再選禁止規定に反発して，1851年12月にクーデタを起こした。かれは，人民投票で大量の支持を獲得してナポレオン3世となり，第二帝政が成立した。

第一帝政と同じく，第二帝政も，皇帝の軍事的失敗によって崩壊する。1870年7月19日に始まった普仏戦争は，プロイセンの優位に進み，スダンの敗北で皇帝は捕囚された。9月4日にパリ市庁舎に集結した共和主義者たちの「国防政府」が共和制を宣言し，第二帝政は崩壊した。

(4) パリ・コミューンから第三共和制へ

1871年1月末に独仏休戦協定が締結された後，王党派が総選挙で勝利し，臨時政府が組織された。しかし，早期対独講和に反対する市民らが蜂起し，1871年3月に，労働者による自治政府であるパリ・コミューンが成立。全役職の直接選挙，会議決定の公開，自由と平等の原則，汚職の死刑による制裁などを定めたが，5月21日からの「血の一週間」の虐殺によって臨時政府に倒された。

議会では王党派が多数を占めていたため，王政復古が模索されたが，王党派内部は，シャルル10世の孫であるブルボン家のシャンボール伯を推戴する正統王党派と，ルイ＝フィリップの孫であるオルレアン家のパリ伯を推戴するオルレアン派に分裂していた。シャンボール伯は，絶対主義への回帰を唱えるきわめて保守的な人物であり，他方で，パリ伯は柔軟な考えの持ち主であったが，分家から国王を選ぶことには抵抗があった。したがって早期に王政を復活させることは困難な状況にあり，共和派と妥協の上，暫定的に「王政待ちの共和制」として第三共和制が開始された。しかし，その後の選挙で王党派は少数派に転落して共和派が多数となり，結局，その後も共和政体が続くことになった。西欧諸国の中で，イギリス，オランダ，ベルギーや北欧諸国などではいまだに立憲君主制が維持され，その他の国でも共和制への移行は20世紀以降であることに比較すると，フランスにおける共和制の成立はかなり早いといえるが，その

背景には，こうした王政復古の失敗があるといわれている。

6　第三共和制憲法と第四共和制憲法

(1)　第三共和制憲法の成立

　第三共和制憲法は，まとまった単一の法典があるわけではなく，1875年2月24日の元老院の組織に関する法律，同年2月25日の公権力の組織に関する法律，同年7月16日の公権力の関係に関する法律という3つの憲法的法律からなっており，当初は暫定的な性格の強いものであった。議会は二院制であり，普通直接選挙で選出される代議院（下院）と，間接選挙で選出される元老院（上院）から構成される。大統領は，議会による間接選挙により選出される。

　1876年2月20日，第三共和制下で初めて代議院の選挙が行われ，共和派が下院では多数派となった。しかし，保守派のマクマオン大統領は，首相に共和派の人物を任命することを拒否し，一度は任命した共和派のシモン首相も，翌1877年に辞職することとなった。大統領は後任に王党派のブロイを任命したが，共和派の代議院議員は「内閣は国民代表の信任を得ていない」ことを決議した。大統領は下院を解散したが，1877年10月に実施された選挙でも共和派が代議院で再び多数派を制した。大統領は，ブロイが辞任した後，ロシュブエ将軍を首班とする王党派内閣を成立させたが，代議院はこの内閣も拒絶し，マクマオンはついに屈服。1877年12月に共和派のデュフォール内閣が成立した。1879年1月の元老院選挙により，元老院でも共和派が多数派を占めることとなり，マクマオンは大統領を辞職し，共和派のグレヴィが大統領に選出された。グレヴィは，大統領教書で解散権行使の放棄を宣言し，大統領＝国家元首の地位は名目的なものとなった。以後，内閣は議会に対してのみ責任を負う一元型議院内閣制が定着し，内閣は大統領から独立して活動するようになった。

　代議院，元老院，内閣，大統領の全権力が共和派の手に移る中で，象徴的な改革が行われた。すなわち，ヴェルサイユにおかれていた公権力の所在地がパリに戻され，「ラ・マルセイエーズ」が国歌とされ，また，7月14日が国の祝日に定められた。さらに，1884年には憲法改正が断行され，「共和政体は，憲法改正の案の対象となることができない。フランスにかつて君臨したことのあ

る家族の一員は，大統領に選出されることができない」という条項が，1875年
2月25日の公権力の組織に関する法律に加えられた。

(2) 第三共和制憲法の運用

　第三共和制憲法をなす1875年の憲法的法律は，権利宣言をもっていなかった。
そこで，第三共和制期には，議会制定法によって重要な自由が確立された。革
命期以来，結社に対して厳しい規制が課されていたが，1884年3月21日法は，
20名を超える職業組合であっても政府の許可なく自由に設立できると定め，職
業組合結成の禁止が解除された。また，1901年7月1日の結社法は，個人間の
契約としての結社の自由と，届出だけで非営利法人が法人格を獲得するという
原則を確立し，これは，第五共和制下の憲法院判決によって，憲法的価値を
つものと認められている。1905年の政教分離法は，「共和国は良心の自由を確
保する」と宣言し，従来のカトリック中心の公認宗教制度を廃止した。

　第三共和制は，議会中心主義の統治構造を採用していたが，実際には，絶対
多数を占める政党が存在せず，政党の離合集散や小党分立から，内閣の支持基
盤は不安定な状況にあった。1920年から1940年までの間には，40以上の内閣が
交替している。第三共和制憲法は，立法権を代議院・元老院の両院によって行
使されるものとし，法律の執行を監督・確保する権限を大統領に与えていたが，
こうした構造は第一次世界大戦後に空洞化されていく。国会の委任（授権法）
に基づき，国会の追認を条件として，法律の改廃をなし，法律と同一の効力を
もつ委任立法が広く行われた（このような委任立法は「デクレ＝ロワ」と呼ばれた。
第五共和制における「オルドナンス」に相当する）。

　1914年に勃発した第一次世界大戦では，フランス領内が主戦場となり，甚大
な人的・物的損害をもたらした。また，第二次世界大戦ではドイツ軍の侵攻を
受けてパリが陥落し，1940年6月22日，ペタン内閣はドイツと休戦条約を締結
した。首都はヴィシーに移され，フランスの北半分はドイツに占領された。
1940年7月10日には，フィリップ・ペタンに対して全権を委任する憲法的法律
が採択され，ペタンは国家主席となって，親独的な政策を推し進めた（ヴィシー
政府）。これに対して，徹底抗戦派のシャルル・ド・ゴールは，レジスタンス
運動を結集し，1940年6月18日，亡命先のロンドンから「自由フランスの首長」

を名乗り，ラジオ演説で対独抗戦を呼びかけた。やがてアルジェに「民族解放フランス委員会」を組織し，1944年6月にはこれを「フランス共和国臨時政府」に改めた。1944年8月の国土解放ののち，ド・ゴールは，みずからが正統な政府であったことを宣言し，ヴィシー政府時代の法令を原則的に無効とする措置をとった。

(3) 第四共和制憲法

　ド・ゴールは，新たな政治体制の構築に着手し，1945年10月21日に国民投票と議会選挙が実施された。国民投票では，同時に実施された選挙を憲法制定議会の選挙とすることが承認された。この選挙では，初めて女性が参加することになり，共産党，人民共和派，社会党の3党が勝利した。共産党と社会党の賛成により示された憲法草案は，きわめて進歩的な内容をもっていたが，右派の支持が得られず1946年5月5日の国民投票で否決された。そこで，最初の憲法草案に反対した人民共和派の意向も汲み入れた憲法草案が作られ，10月13日の国民投票において採択された。これが1946年10月27日の憲法として公布され，第四共和制が発足した。

　第四共和制憲法は，その前文において，「1789年の権利宣言によって確立された人および市民の権利と自由，ならびに，共和国の諸法律によって確立された基本的諸原理」を再確認し，「現代に特に必要なもの」として，「政治的，経済的，および社会的諸原理」が宣言されている。憲法前文では「自由のための活動を理由として迫害を受けたすべての人は，共和国の領土内で庇護を受ける権利を有する」（4項）として庇護権が明記されているほか，「各人は，勤労の義務および就労の権利を有する」（5項）として労働権が，「何人も，労働組合活動によってその権利および利益を擁護し，かつ，自己の選択する労働組合に加入することができる」（6項）として団結権が列挙され，また，「同盟罷業の権利は，それを規制する法律の範囲内で行使される」（7項）と規定している。さらに，「国家は，すべての人に対して，とりわけ子ども，母親および高齢の労働者に対して，健康の保護，物質的な安全，休息および余暇を保障する。その年齢，身体的または精神的状態，経済状態のために労働できないすべての人は，生存にふさわしい手段を地方公共団体から受け取る権利を有する」（11項）

と定められている。

　第四共和制憲法もまた議会中心主義の統治構造をとるが，直接選挙で選出される国民議会（下院）が，間接選挙で選出される共和国評議会（上院）に優越する体制がとられた。内閣は下院に対してのみ責任を負い，上院は立法について諮問的な権限をもつにすぎなかった。

　大統領は，両院合同会議で選出されるが，名目的な存在であり，限られた権限しか行使することができなかった。大統領は首相を任命するが，首相は下院によって「叙任」されなければならなかった。

　第四共和制においても，下院は小党分立状態にあり，政局は継続的に不安定であった。既成政党のうち共産党は何度か第一党になったが単独政権が実現するには至っていない。第四共和制下は，植民地問題が危機的な状況に陥っていく。インドシナでは泥沼の戦争が続いていたが，1954年5月のディエン・ビェン・フーの戦いでフランス軍はベトナム解放軍に敗北。マンデス・フランス内閣は，1954年7月21日のジュネーヴ協定でベトナムの独立を認めた。他方で，1954年に始まったフランス領サハラの民族解放闘争は，内乱と破局をもたらした。1956年にモロッコとチュニジアが独立したが，アルジェリアでは紛争が激化し，1958年5月にはアルジェリア駐留軍が本国政府に反旗を翻し，クーデタを起こすに至った。この危機的状況を打破すべく，かつてのフランス解放の英雄であったド・ゴールが首相の座につき，1958年6月3日の憲法的法律により，新憲法の制定について授権を受けた。

7　おわりに：第五共和制憲法の成立

　1958年6月3日の憲法的法律では，①普通選挙，②立法と行政の権力分立，③議会に対する政府の責任，④司法権の独立，⑤共和国の共同体の組織化という5原則，憲法草案についての国民投票の実施などが定められた。これらの原則に従って，ド・ゴール自身も関与しつつ，司法大臣ミシェル・ドゥブレを中心に起草された憲法草案は，憲法諮問委員会および国務院の審議と議決を経て，1958年9月28日に実施された国民投票により承認された。

　第五共和制憲法は，第三共和制以来の議会中心主義とは異質な大統領中心主

義を特徴とする。大統領は，第四共和制までのように国家を形式的に代表する
だけの名目的地位にとどまるのではなく，執行権，立法権，司法権のすべてに
わたって政治的実権を有し，統治機構の「要石」と位置づけられている。憲法
制定当初は，大統領は間接選挙で選出されたが，1962年の憲法改正によって大
統領直接公選制が採用された。さらに，2000年の憲法改正により，従来は7年
だった任期が5年に短縮され，2008年の憲法改正では大統領の三選が禁止され
た。

　大統領は，首相や大臣を任免し，閣議を主宰し，国民議会を解散する権限を
有するほか，軍隊を統帥し，非常事態措置権を発動する。さらに，大統領は，
一定の法律案を国民投票に付託することができる。その範囲には，公権力の組
織や経済・社会政策に関する法律，環境基本政策，一定の条約の批准などが含
まれる。こうした大統領の国民投票付託権は，国会で賛成が得られそうにない
法律案を国会の頭越しに直接に国民に賛否を問うことを可能にするものである
が，1995年の憲法改正で国民投票実施前に両院で審議を行うとする規定が追加
され，国会への配慮がなされた。

　第五共和制の統治形態は議院内閣制と大統領制との中間形態であり，半大統
領制と呼ばれている。実際には，大統領の権限行使は，議会内多数派に依存せ
ざるをえないことから，大統領と首相の党派が異なるコアビタシオン（保革共存）
状態が，大統領の任期短縮前はたびたび生じることがあった。

　第五共和制憲法は，自由，平等，友愛の基本理念に立脚し，その1条は「フ
ランスは，不可分の，非宗教的，民主的かつ社会的な共和国である」とし，2
条では「人民の，人民による，人民のための統治」が共和国の原理であるとさ
れている。しかし，憲法には具体的な人権規定はおかれていない。憲法前文で
は，「1946年憲法前文によって確認され補完された1789年宣言が定める人権」
への言及が見られるが，これだけでは十分な人権保障は期待できない。そこで，
第五共和制憲法によって設置された憲法院が，人権保障機関として積極的に違
憲審査権を行使するようになり，1789年宣言や1946年憲法前文，さらには「共
和国の諸法律によって承認された基本的諸原理」に憲法としての裁判規範性を
認めてきた。2004年の環境憲章も憲法規範の地位をもつものとされている。

　憲法院による違憲審査には，当初，すでに公布された法律を事後的に審査す

ることはできないという大きな限界があったが，2008年の憲法改正によって，違憲の抗弁による事後的な違憲審査制が新たに導入された。他方で，憲法院の構成員については，政治的色彩を帯びやすいという問題が指摘されており，とりわけ元大統領が構成員になる規定の廃止が議論されている。

第2章

フランスの統治機構

1　はじめに

　フランスにおける現行の憲法である第五共和制憲法の特徴の一つとして，憲法典には基本的人権に関する定めがなく，もっぱら統治機構に関する規定のみからなっていることが挙げられる。もっとも，これは「人権の母国」といわれるフランスにおいて，人権保障がおろそかにされていることを意味するのではない。

　ところで，人権条項の不存在とは対象的に，第五共和制憲法では統治機構に関しては詳細な規定を設けている。そして，フランスの統治機構の特色として指摘されるのが，大統領（Président de la République）の存在であり，その大統領に強大な権限が付与されている点である。従来，議会中心主義を採用してきたフランス共和政体の歴史とは一線を画すこの体制には，第五共和制憲法の制定に大きな影響を及ぼしたシャルル・ド・ゴール将軍の意向が強く反映されている。

　同時に，フランスにおいては議院内閣制も採用されており，政府（Gouvernement）を率いる首相（Premier Ministre）もまた，執行権の一翼を担っている。フランスの執行権が「双頭制」あるいは「二頭制」と称されるゆえんである。もっとも，大統領の権限が強いことから，同国の統治形態は大統領制と議院内閣制との中間形態である「半大統領制（régime semi-présidentiel）」だとか，「大統領制に傾斜した議院内閣制」などと表現されることもある。

　なお，このような執行権優位の統治構造は，徐々にではあるが第五共和制憲法の制定当初から変容を遂げてきている。とりわけ，2008年7月23日の憲法改正においては，執行権と立法権との均衡が目指されたことが注目される。

2 大統領

(1) 大統領の地位

　第五共和制憲法において，まさに政治機構の「扇の要（clé de voûte）」となるのが大統領である。大統領の地位について定めた憲法5条は，このことを雄弁に物語る。同条1項は，「大統領は，憲法の尊重を監視する。大統領は，その裁定により，公権力の適正な運営および国家の継続性を確保する」と規定する。また，同2項は，大統領を，「国の独立，領土の一体性，条約の尊重の保障者」と位置づける。

　このように，公権力の中心にあり，他の国家機関に優越するとさえ考えることもできる大統領は，第五共和制の成立当初は，元老院（Sénat）議員および国民議会（Assemblée nationale）議員，県議会議員，市町村会議員またはその代表による間接選挙により選出されていた。しかし，ド・ゴールは，間接選挙では民主的正当性を確保するのに十分ではないこと，また，自らのカリスマ性はともかく後の大統領候補者が自らと同様のカリスマ性を発揮して選挙に臨むことは困難となるであろうと懸念したこと，などを背景として，1962年10月28日，憲法11条に基づいて国民投票を実施し，大統領直接公選制を導入した。これにより，大統領は民主的正当性を獲得するとともに，大統領を中心とした政治制度がより強固なものとなった。現行憲法は，6条1項において，大統領は直接普通選挙によって選出される旨を規定している。

　また，同条同項は，大統領の任期を5年としている。実は，第五共和制憲法制定当初は大統領の任期は7年と定められていた。しかし，国民議会議員の任期は5年であり，大統領の任期とは2年のズレがあった。そのため，大統領の任期中に国民議会議員選挙が行われると，時として大統領を支持する党派と，国民議会の多数派およびその信任を受けた首相を支持する党派とが異なるという，いわゆるコアビタシオン（保革共存，cohabitation）という状況が生じることがあった。実際に，第五共和制においては1986年3月から1988年5月（大統領は社会党のフランソワ・ミッテラン，首相は共和国連合のジャック・シラク），1993年3月から1995年7月（大統領はミッテラン，首相は共和国連合のエドゥアール・バラ

デュール），そして1997年3月から2002年5月（大統領はシラク，首相は社会党の
リオネル・ジョスパン）と，3回のコアビタシオンを経験している。コアビタシ
オンの下では国政運営が不安定となることから，政権の安定的な運営を確保す
るために，2000年10月2日の憲法改正によって大統領の任期も国民議会議員の
任期に合わせて5年へと短縮されたのである。

大統領選挙では，2回投票制が採用されている（7条1項）。1回目の投票に
おいて有効投票の絶対多数を獲得した候補者があればその者が大統領に選出さ
れる。第1回投票で絶対多数を獲得する候補者がいない場合には，14日後に2
回目の投票が行われる。1回目の投票に先立っては多くの候補者が立候補し，
1回の投票で決着がつくことはほとんど考えられない。そのため，第2回投票
に向けて選挙協力や党派の合従連衡が進み，第1回投票の上位2名により2回
目の投票が行われるのが通常である。

(2)　大統領の権限

大統領には，国政上重要な種々の権限が与えられている。双頭制の執行権の
下，憲法19条は，大統領が単独で行使できる権限と，首相または責任を負う大
臣による副署が必要な権限とを明確に区別している。

大統領が独占し，単独で行使することができる権限は，首相の任免権（8条
1項），法律案の国民投票への付託権（11条1項），国民議会の解散権（12条1項），
非常事態措置権（16条1項），教書による国会への意見表明権（18条1項），国際
協約の憲法院への提訴権（54条），憲法院構成員の任命権（56条1項）および法
律の憲法院への付託権（61条2項）である。しかしながら，コアビタシオンの
状況下で首相の任命が国会，とりわけ国民議会の意向を無視できないことにも
現れていたように，現実的には大統領が任意に権限を行使できない場面も生じ
ている。

これに対し，副署を必要とする権限として，政府構成員の任免権（8条2項），
閣議（conseil des ministres）の主宰権（9条），法律の審署権および再審議請求
権（10条），オルドナンス（ordonnance）およびデクレ（décret）の署名権（13条
1項），文武官の任命権（13条2項），信任状の授受（14条），国防に関する権限（15
条），恩赦権（17条），国会の臨時会期の招集権（30条），条約に関する権限（52条）

および司法機関の独立の保障者としての権限（64条1項，2項）がある。もっとも，首相は，通常であれば少なくとも大統領に敵対的な政治的党派には属していないことに照らせば，大統領の権限行使に対抗して首相が副署を行わないというケースは実際には考えにくい。とすると，副署を要する行為といえども，実際には大統領が独自に権限を行使するのと同等な場合も考えられる。

　大統領の権限は，いずれも国政運営の重要事項であることに鑑みれば，憲法上は大統領が国政を「裁定（arbitrage）」（5条1項）すると規定しているものの，むしろより能動的に大統領は「統治」する存在と理解することも可能であるようにも思われる。

(3) 2008年7月の憲法改正と大統領

　ところで，2008年には，2008年7月23日の憲法的法律により，第五共和制憲法の条文のほぼ半数にまで修正が及ぶという，大規模な憲法改正が行われた。この憲法改正においては，大統領の権限についても見直しが図られ，強大化した大統領権限に対する制約が試みられている。

　具体的には，ⓐ大統領の三選が禁止された（6条2項）。ⓑ大統領の任命権に，国会による統制が及ぶこととなった（13条5項）。一定の文武官の任命については，国会の両議院において権限を有する常任委員会での反対票の総数が，両委員会における有効投票の5分の3以上となった場合には，大統領は任命を行うことができない。ⓒ大統領による非常事態権限の行使に，憲法院による統制が及ぶこととなった（16条6項）。非常事態権限の行使から30日後に，国民議会議長，元老院議長または60名の国民議会議員，60名の元老院議員は，非常事態権限の発動要件が充足されているかの判断を，憲法院に付託することができる。ⓓ大統領の恩赦権が限定された（17条）。恩赦は，個人に対する個別的なものに限定され，集合的な恩赦は認められない。なお，今回の憲法改正においては，大統領の権限行使を統制するこれらの改正に加え，ⓔ大統領が両院合同会議（Congrès）において声明を発する機会が保障されることとなった（18条2項）。

(4) 大統領の責任

　憲法67条1項は，大統領は，憲法53条の2および68条が定める場合を除いて

職務の遂行中に行った行為について責任を負わないと規定していることから，原則として大統領はその職務の遂行については無答責である。なお，53条の2は，国際刑事裁判所（Cour pénale internationale）の管轄権を承認する規定である。また，68条1項は，大統領が責任を負い，罷免される場合を「明らかにその職務の遂行と両立しない職責の怠慢がある場合」とする。罷免は，高等院（Haute Cour）として構成される国会において宣告される。

3 政　　府

(1) 政府の権能

　第五共和制において，大統領と執行権を分有しているのは，合議体である政府である。第五共和制の執行権が大統領と政府（首相）の「双頭制」あるいは「二頭制」といわれるゆえんである。政府は，「国政を決定し，遂行する」（20条1項）とともに，「行政および軍事力を掌握する」（同条2項）。政府の活動を指揮するのは首相である（21条1項）。

(2) 政府の構成

　憲法8条によれば，政府は，大統領が任命する首相（1項）と，首相の提案に基づいて大統領が任命するその他の構成員（2項）によって構成される。

　首相の任命権は，大統領が単独で行使しうる権限であるため誰を首相に任命するかは本来大統領の裁量に委ねられる事項である。しかしながら，20条3項により政府は国会に対して責任を負い，その存続には国会の信任を得なければならない。それゆえ，実際には国会とりわけ国民議会の多数派の支持を獲得できる人物を首相に任命せざるをえないことになる。上述の通り，首相は政府の首長として「政府の活動を指揮する」（21条1項）。

　その他の構成員について，憲法は明確に規定するものではないが，一般的には，ⓐ国務大臣（Ministre d'Etat），ⓑ各省大臣（Ministre à portefeuille），ⓒ受命大臣（Ministre délégué），ⓓ国務長官（Secrétaire d'Etat）に分類される。国務大臣は複数名であることが多く，名誉職的なポストといわれる。各省大臣は，各省を担当する通常の大臣である。受命大臣は，首相または各省大臣の下で，そ

れぞれの大臣が所管する事項のうち特定の問題を取り扱う。国務長官は，首相や各省大臣を補佐する役割を担う。これら政府の構成員の任命は，首相の提案に基づいて行われるため，首相の意向がどの程度任命に反映されるかが問題となるが，これは，大統領と国会，特に国民議会との関係に依存することになろう。すなわち，大統領を支持する党派と国会の多数派が同一の党派である場合には大統領の意向が政府構成員の任命に反映されやすく，そうではなく大統領を支持する党派が国会の多数派とは異なる場合には，首相の意向が任命に反映されやすいものと考えられる。

　政府構成員は，その職務の遂行に際して行った行為であり，かつ，その実施時に重罪（crime）または軽罪（délit）に該当すると判断された行為について，刑事上の責任を負わなければならない（68条の1，1項）。このための裁判は共和国法院（Cour de Justice de la République）において行われる（同条2項）。

(3)　政府の権限

　すでに指摘した通り，政府は国政を決定し，遂行すること（20条1項）と，行政および軍事力を掌握すること（同条2項）をその任務としており，任務の遂行にあたっては，「政府は，第49条および第50条に定める要件および手続に従って，国会に対して責任を負う」ことが規定されている（同条3項）。政府は，国会の信任の下に成立し，同時に国会に対する責任が定められていることから，第五共和制憲法が議院内閣制を採用していることがうかがえる（49条，50条）。もっとも，憲法は同時に大統領制をも採用していることから，第五共和制は「大統領制と議院内閣制の中間形態」，あるいは「大統領制に傾斜した議院内閣制」などと評されることは，すでに見た通りである。

　また，憲法11条は大統領が一定の法律案について国民投票に付すことができる旨を規定する。この国民投票への付託には，政府または両議院の共同の提案が必要となる（同条1項）。なお，国民投票が政府の提案に基づいて行われる場合には，政府は各議院において声明を発し，それに続いて審議が行われる（同条2項）。政府の提案とこれに対する国民の判断の間に，国会が関与する仕組みが用意されているのである。

　さらに，政府は閣議によって，ⓐオルドナンスおよびデクレの議決（13条1項），

ⓑ国務院（Conseil d'Etat）評定官をはじめとする各種文武官の任命（同条3項，4項），ⓒ戒厳令の発令（36条1項），ⓓ政府提出法律案（projets de loi）の審議と国会への提出（39条2項），ⓔ国民議会に対する政府の責任についての決定（49条1項，3項），といった権限を行使する。

なお，「オルドナンス」「デクレ」はともに行政権による立法すなわち命令である。オルドナンスは，後述のように本来は国会が「法律」という法形式によって規律すべき事項につき，期間を限定して授権法律により政府が制定する命令を指す。また，「デクレ」は，原則として首相が制定する命令である。制定手続により，国務院の意見を徴した後に制定されるデクレ（décret pris en Conseil d'Etat），閣議を経たデクレ（décret en Conseil des Ministres）および制定権を有する首相が単独で制定する単純デクレ（décret simple）がある。このうち，閣議デクレは閣議の主宰者が大統領であることから，その制定権は大統領に属する。

(4)　首相の権限

首相の権限については，憲法21条が規定するものである。首相は，政府の活動を指揮する。国防について責任を負い，法律の執行を確保する。憲法13条の規定の留保の下で，命令制定権を行使し，文武官を任命する（1項）。首相はその権限の一部を大臣に委任することができる（2項）。

その他憲法が規定する首相の権限を列挙すると，ⓐ政府構成員の任免について大統領に提案すること（8条2項），ⓑ国民議会の解散について大統領からの諮問に応えること（12条1項），ⓒ非常事態措置の発動について大統領からの諮問に応えること（16条1項），ⓓ大統領の一定の行為に副署すること（19条），ⓔ国防高等評議会および国防高等委員会の主宰について大統領の職務を代行すること（21条3項），ⓕ閣議の主宰について大統領の職務を代行すること（21条4項），ⓖ国会の通常会期において，補充日の会議の開催を決定すること（28条3項），ⓗ国会の臨時会期の集会を請求すること（29条1項），ⓘ法律を発議すること（39条1項），ⓙ政府の綱領もしくは一般政策の表明または政府提出の予算法律案もしくは社会保障財政法律案について国民議会に対して政府の責任をかけること（49条1項，3項），ⓚ国際協定の合憲性について憲法院に付託すること（54条），

①法律の憲法適合性について憲法院に付託すること（61条2項），ⓜ憲法改正の発議について大統領に提案すること（89条1項），となる。

4　国　　会

(1)　国会の地位と二院制

　第五共和制憲法において，国会（Parlement）についての規定は，第2章「大統領」，第3章「政府」という執行権に関する条文の後，第4章におかれている。第三共和制および第四共和制では議会中心主義が採用され，国会についての規定が執行権についての規定に先んじておかれていたのとは対照的である。このことは，執行権の優位を予定する第五共和制憲法における執行権と議会との関係を象徴している。

　また，フランスの共和制の伝統は，「法律は一般意思の表明である（ジャン・ジャック・ルソー，1789年フランス人権宣言6条)」として，議会に対して立法過程における広範な権限を認めてきた。しかしながら，第五共和制に至っては「合理化された議会制（parlementalisme rationalisé)」が目指され，立法過程における議会が果たすべき役割と権限が縮小された。他方で，政府の役割と権限は大幅に拡大していることが特徴的である。

　第五共和制においては，国民議会と元老院からなる二院制が採用されている（24条2項）。

　国民議会の議員は直接選挙によって選出され，その人数は577を超えることはできない（同条3項）。国民議会議員の選挙権年齢は18歳，被選挙権年齢もまた18歳である。任期は5年であり，総選挙から5年目の6月の第3火曜日までとなる。しかしながら，大統領は国民議会を解散する権限を付与されているため，解散が行われれば国民議会議員の任期は当然短縮される（12条1項）。解散の場合，総選挙は解散後20日以降40日以内に実施される（同条2項）。なお，総選挙の後1年以内は，新たな解散を行うことはできない（同条4項）。

　国民議会議員の選挙は，小選挙区2回投票制が採用されている，議席を獲得するためには，第1回投票において有効投票の過半数を獲得し，なおかつ登録有権者数の4分の1以上の票を得ることが必要となる。第1回投票で過半数を

獲得した候補者がない場合，その選挙区においては第2回投票が実施されるが，多くの場合第1回投票の上位2名による決選投票となる。第2回投票において勝利するために，候補者間あるいは政党間で選挙協力や合従連衡が行われるためである。ちなみに，第2回投票の結果両候補者の得票数が等しい場合には，年長の候補者が当選となる。

これに対して，元老院は県を単位とし，当該選挙区選出の国民議会議員，州議会議員，県議会議員および市町村（コミューン）議会議員の代表を選挙人とする間接選挙によって選出される。その人数は348を超えることはできない。元老院は，地域代表として位置づけられている（24条4項）。

元老院議員の選挙人団への就任可能年齢は，原則として18歳であり，被選挙権年齢は24歳である。2008年以降，任期は6年となっており，改選後最初の通常会期（後述）の開会日から6年後の改選後最初の通常会期の開会日までとなる。国民議会とは異なり，解散はない。また，2011年以来，3年ごとに，議員の半数が改選されることとなっている。

選挙は，定数2以下の選挙区では完全連記2回投票制または小選挙区2回投票制，定数3以上の選挙区は拘束名簿式比例代表制となる。

なお，フランスでは1791年憲法以来，命令的委任（mandat impératif）の禁止という原理が繰り返し採用されている。第五共和制憲法においても，いずれの国会議員も，命令的委任はすべて無効と規定されている（27条1項）。命令的委任とは，議員は自らの選出母体の意思に法的に拘束され，その意思に反した場合には選挙区に召還される，すなわち議員の職を喪失するという仕組みである。もっとも，普通選挙制度が確立すると，議員は実際には選挙民の意思を反映しながら議員活動を遂行せざるをえなくなる。それゆえ，現在では選挙民と議員との間には法的なつながりこそ存在していないものの，議員は事実上選挙民の意思に拘束されるという状況にある。このような議員の地位を，「半代表（semi-représentation）」という。

(2) 会期

国会の会期は，3つの種類に分類される。第1に，憲法が定める期日に開会し閉会する，定められた期間のみ開かれる通常会期（session ordinaire）がある。

会期は，10月の最初の平日から翌年の6月の最後の平日までである（28条）。第2に，首相または国民議会議員の過半数の請求に基づき，特定の議事日程に関して大統領のデクレにより開会および閉会が決められる臨時会期（session extraordinaire）がある（29条，30条）。第3に，当然会期（session de plein droit）がある。これは，通常会期を除き，例外的に当然に集会する国会である。具体的には，解散による総選挙の後に新たに院の構成を決めるための会議（12条3項）と，大統領が非常事態権限を行使した場合に集会する会議（16条4項）である。

(3)　国会の権限

①　**一般的な権限**　憲法24条1項は，国会の一般的かつ重要な権限として，法律の表決，政府の活動の監視および公共政策の評価を定めている。こうした権限の具体的な内容は，宣戦の承認権（35条1項），予算法律案（projets de loi de finances）の表決権（47条1項），条約の批准・承認権（53条1項），法律の憲法院への付託権（61条2項），高等院あるいは共和国法院といった特殊な裁判所を構成すること（68条，68条の2），および憲法改正に関する権限（89条），である。

　国会に付与されたこれらさまざまな権限のうち，つとにその重要性が指摘されているのが，国会の本来的作用である立法権の行使と議院内閣制の重要な構成要素である政府の責任の追求である。

②　**法律事項と命令事項**　すでに見たように，憲法24条1項は法律の表決を国会の権限としている。それゆえ，形式的な意味での「法律」の制定権は国会が独占している。もっとも，法律の内容に着目すれば，第五共和制においては国会が規律することができる事項を憲法に限定的に列挙し（34条），それ以外の事項については執行府が「命令」という形式で定めることができるという制度を採用しているのである（37条1項）。法律事項（domaine de loi）と命令事項（domaine du règlement）とを明確に区別した上で法律事項を限定したことは，議会中心主義，議会優位の政治体制から執行権優位の政治体制への転換という第五共和制の特徴を如実に表しているといえる。

　憲法34条により，法律事項に留保されている具体的な内容は，以下の3つのカテゴリーに分類される。

（i）　**市民に関わる事項**　公民権，公的自由の行使のため市民に認められる

基本的保障，メディアの自由・多元性・独立性，国防に関わる市民への身体的，財産的義務，国籍，人の身分および能力，夫婦財産制，相続および無償譲与，重罪および軽罪の決定とそれらに適用される刑罰，刑事訴訟手続，大赦，裁判制度，司法官の身分，租税の基礎・税率・徴収の態様，通貨発行制度。

(ⅱ) 公の制度に関わる事項 選挙制度，公施設法人（établissements publics）の創設，公務員の基本的保障，企業の国有化および私有化。

(ⅲ) 基本原則のみを定める事項 国防の一般組織，地方公共団体の自由な行政・権限・財源，教育，環境保全，所有権制度・物権・債権，労働権，労働組合の権利および社会保障。

法律が命令事項を規律している場合には，国務院の意見を徴した後に定められるデクレによって改正が可能である（37条2項）。また，法律の表決前に，議員が提出する法律案または修正案が法律事項に属さないと判断された場合には，政府または提出を受けた議院の議長は，不受理をもって対抗できる（41条1項）。表決後の場合には，61条2項により，大統領，首相，国民議会議長，元老院議長，または60名の国民議会議員もしくは60名の元老院議員は，法律が命令事項を規律していることの確認を，憲法院に付託することができる。憲法院に付与されているこの管轄権は，憲法院の創設と密接に関わるものである。この点の詳細については，第1部第3章を参照のこと。

なお，立法手続については，そもそも法律案の発議権が首相と国会議員に競合的に属していることから（39条1項），次節において検討する。

③ **法律の類型** フランスにおいては，「法律」といった場合にもいくつかのカテゴリーが存在する。上記の憲法34条1項から3項において国会に留保された事項を規律する法律は，「通常法律（loi ordinaire）」と呼ばれる。ちなみに，同条4項は「予算法律（loi de finances）」について定めているが，フランスでは予算は法律の形式をとる（47条）。また，憲法の定めを補充あるいは明確化し，公権力の組織や運営を規律するのが「組織法律（loi organique）」である。組織法律の制定には，特別の手続が定められている（46条）。さらに，憲法の改正を内容とする法律として，「憲法的法律（loi constitutionnelle）」がある。これは，いわば改正後の憲法の内容を定めた法律であり，その制定はすなわち憲法改正である（89条，場合により11条）。その他，「社会保障財政法律（loi de financement

de la sécurité sociale)」（34条5項，47条の1），「計画策定法律（loi de programmation）」
（34条6項）といったカテゴリーの法律がある。

(4) 会議

　両議院とも会議は公開を原則とし，議事録は官報によって公表される（33条
1項）。ただし，各議院は，首相または議院の10分の1の議員の請求があった
場合には，秘密会とすることが可能である（同条2項）。

5　政府と国会の関係

(1) 立法過程

① **立法過程における国会と政府**　　立法過程が議会にのみ独占されるわけ
ではなく，そのプロセスに執行府が関与することは，議院内閣制を採用する国
においては必ずしも珍しいことではない。フランスにおいても，上述の通り法
律の発議権が首相と国会議員とに競合的に属している。のみならず，いわゆる
「合理化された議会制」が目指され，立法過程における執行府の権限の拡大と，
それに対応する形での国会の権限の縮小が，第五共和制の特徴の一つである。
たとえば，議員提出法律案（propositions de loi）および修正案は，それが歳入の
減少や歳出の創設または悪化をもたらす場合には，受理されないこととされて
いる（40条）。また，政府提出法律案についても組織法律が定める要件を具備
していることが要求され（39条3項），こうした要件が満たされていないと判断
された場合には議事日程（ordre du jour）に登載されないことになっている（同
条4項）。もっとも，39条3項および4項は立法のインフレーションを回避す
るための方策として2008年の憲法改正において導入された仕組みであり，こと
さらに議会の優位性を根拠付けるものとも言い難い。

② **立法手続の概略**　　政府提出法律案であると議員提出法律案であるとを
問わず，法案は両院のいずれかの先議に付され，議事日程に従い審議される。
第五共和制の成立当初は，議事日程の決定権が政府にほぼ独占されていたこと
から政府提出法律案が優先的に審議され，議員提出法律案は審議の機会を奪わ
れ，審議未了のまま廃案となる状況があった。こうした事態に対応するため，

1995年の憲法改正によって月に1回の会議については，各議院が決定し，議員提出法律案を審議する機会を確保するための施策がとられた。さらに，2008年の憲法改正においては，議事日程は各議院が決定するという原則がより明確にされた（48条1項）。

　具体的には，憲法48条1項は，通常会期に関して定めた28条2項から4項が適用される場合を除いて，議事日程は各議院によって決定されることを明らかにした。同条2項は，4週のうち2週は，政府が議事日程に登載することを要請する法文の審議と討議のために留保されるとした。同条4項は，4週のうち1週は政府活動の監視と公共政策の評価にあてられるとし，同条5項は，月に1回の本会議は野党および少数派の発議に基づくこととした。同条6項は，少なくとも週に1回の本会議が，議員質問と政府答弁に留保されると定めている。議事日程の決定を各議院に認めたことは，議会の権限強化を象徴するものとして理解することができる。

　③　**立法手続の原則**　　議院に提出された法案は，同一の法文について両議院において採択されることが原則である（45条1項）。各議院における法案の審議は，読会（lecture）と呼ばれる。

　提出された法案は，原則として常任委員会での審議に付される。常任委員会の数は，各議院で8までに制限されている（43条1項）。

　委員会における審議を経た法案は，本会議での審議に付される。本会議での審議は，「第43条が適用される場合には付託された委員会によって採択された法文か，それがない場合には付託された議院に出された法文について行われる」（42条1項）。ただし，政府提出による憲法改正法律案，予算法律案，社会保障財政法律案の本会議における審議は，先議の議院における第一読会においては政府提出の法文について，その他の読会では他の院から送付された法文について行われる（同条2項）。

　④　**法案成立／不成立**　　憲法45条1項は，「すべての政府提出法律案または議員提出法律案は，同一の法文で採択されるために，国会の2つの議院において順に審議される」と規定する。先議の議院での第一読会を経て採択された法案は他の議院に送付され，送付を受けた議院において委員会審議および本会議審議の第一読会が行われる。送付された法案が採択されると，法案成立とな

る。

送付を受けた議院において法案が修正されると，先議の議院に回付され，第二読会が開かれる。回付を受けた議院で回付案が採択されると，そこで法案が成立する。第二読会で回付案が修正された場合には，修正案が他の議院に送られ，そこで第二読会が行われる。法案は，両院における同一の法文による採択を目指して両議院間を往復するのである。法案が否決された場合には，法案の審議はその時点で中断される。

両院間の回付手続によっても共通の法文の採択に至らなかった場合に備え，憲法45条2項は，各議院における2回の読会の後に法案が採択されなかった場合，または議長，副議長，各会派の長などからなる議長会議が反対することなく政府が審議促進手続を採用する場合には，両議院の1回の読会の後に，首相，または議員提出法律案については両院の議長が共同で，混合同数委員会（Commission mixte partiaire）の開催を求めることができる旨を規定する。同委員会では，両議院の審議に付する法案が作成され，委員会の成案が両議院において採択されると，法案の成立である。混合同数委員会において成案の作成に至らない場合，あるいは委員会の成案が両議院において採択されない場合には，政府は，両議院における1回の読会の後，国民議会に対して最終的な議決を要求することができると定められている（45条4項）。

⑤　特徴的な立法手続

（ⅰ）簡略化審議手続　　議院における審議を簡略化し，審議時間を節約するために，簡略化審議手続（procédure d'examen simplifiée）が用意されている。この手続は，議長，政府，委員会委員長，会派の代表の要求に基づいて議長協議会の決定により採用される。国民議会においては，一般討論を省略し，修正の対象となる条文のみが表決の対象となる。修正がない場合には，法文の全体についての表決が行われる。元老院においては，条約の批准や承認に関する法律案につき審議を省略して表決を行う。

（ⅱ）一括投票　　憲法44条3項は，一括投票（vote bloqué）の手続を定めている。この手続は，政府が，議院に対して政府が提案した修正案あるいは政府が認容した修正案を残して，審議中の法文の全部または一部について，1回の投票で採決することを要求することを可能とするものである。

(iii) 信任投票　　憲法49条 3 項は,「首相は, 閣議での審議ののち, 政府が提出する予算法律案または社会保障財政法律案の表決の際に, 国民議会において政府の責任をかけることができる」と定めている。これは信任投票(engagement de responsabilité) と呼ばれる手続である。さらに, 1 会期に一つの政府提出法律案または議院提出法律案についても, この手続を用いることができる。

　この手続がとられた後, 24時間以内に不信任動議が提出されない場合, あるいは提出された不信任動議が, 49条 2 項が定める手続により可決されない場合には, 当該法案は採択されたものとみなされる。反対に, 不信任動議が可決された場合には, 50条の定めにより, 首相は大統領に政府の辞表を提出しなければならない。

　⑥　大統領の審署　　憲法10条 1 項は, 大統領の権限として, 採択された法律に審署することを規定している。審署は, 確定した法律が政府に送付された後, 15日以内に行わなければならない。

　また, 同条 2 項は, 大統領に法律あるいはその一部の再審議を国会に要求する権限を付与している。この場合, 国会は再審議を拒否することはできない。

(2)　国会による政府のコントロール

　国会の権限として, 法律の議決と並んで重要なのが,「政府の活動の監視」すなわち政府に対するコントロールであり (24条 1 項), 第五共和制憲法においても政府の政治責任を追及する制度が用意されている。信任問題(question de confiance) と問責動議 (motion de censure) である。

　信任問題は, いわば政府が自ら主導して国民議会に対して信任を求める手続である (49条 1 項)。具体的には, 国民議会に対して, 政府の綱領 (programme) または一般政策の表明 (déclaration de politique générale) について, 政府の責任をかけるものである。これが否決された際には不信任の効果が生じ, 首相は大統領に対して内閣総辞職を申し出なければならない。もっとも, 一般的にはこれらが否決されることはなく, 政府の基本方針が承認されたことになって, 結果的に政府は国民議会の信任を獲得することになる。

　また, すでに見たように, 首相が政府提出による予算法律案または社会保障財政法律案につき, 政府の責任をかける場合がある (49条 3 項)。その効果につ

いては，上述の5(1)⑤(iii)を参照のこと。

　これらの，政府の責任追及といえどもむしろ政府が主体となって国民議会の信任を獲得する手続とは異なり，国民議会が主導して政府の責任を追及する手続が，問責動議である。もっとも，憲法49条2項は，問責動議の可決について厳格な要件を定めている。問責動議が受理されるためには，国民議会議員の10分の1による署名が必要である。また，動議の提出後48時間を経過しなければ表決を行うことはできない。公開投票によって問責動議に対する賛成票のみが数えられ，国民議会議員の過半数の賛成によらなければ，動議は採択されない。国民議会議員は，同一の通常会期中は3回，同一の臨時会期中は1回を超えて問責動議の署名者となることはできない。もっとも，議院内閣制を採用する憲法の下で，このような問責動議が採択されることは稀である。

　なお，政府が国民議会の信任を獲得できなかったとしても，「直ちに」総辞職の効果が生じるわけではない。すでに確認したように，大統領は国民議会を解散する権限を有しており，解散権の行使は，国民議会からの政府に対する不信任への対抗手段として機能しうるのである。とりわけ，首相および政府構成員の任命に議会の関与が予定されていない第五共和制憲法の下で，大統領と首相とが同一の党派に属している状況では，大統領の解散権は国民議会に対する事実上の優位性をもたらすであろう。

(3)　公共政策の評価

　国会のさらなる権限として，2008年の憲法改正において追加されたのが公共政策の評価である。24条1項の規定を受け，47条の2第1項で，「会計院（Cour des comptes）は，予算法律の執行および社会保障財政法律の執行の監視ならびに公共政策の評価において，国会と政府を補佐する」ことが規定された。

　2009年には，国民議会に公共政策の評価および統制のための委員会（Comité d'évaluation et de contrôle des politiques publiques）が設置された。同委員会は，個別の常任委員会の管轄領域を超える範囲の公共政策を評価し，議院の評価・統制活動を統括する機関として位置づけられている。

6　経済社会環境評議会

　経済社会環境評議会（Conseil économique, social et environnemental）は，憲法11章（69条〜71条）に根拠をもつ，憲法上の諮問機関である。第五共和制の成立当初は，経済社会評議会（Conseil économique et social）と称されていたが，2008年7月23日の憲法改正によって「環境」が加わり，当然にその権限の範囲も拡大した。

　経済社会環境評議会は，政府の諮問により，評議会に付託された政府提出法律案，オルドナンス案またはデクレ案および議員提出法律案について，意見を答申する機関である（69条1項）。同評議会に対する付託は，請願によって行うことも可能である（同条3項）。また，同評議会は，経済，社会または環境に関するすべての問題について，政府および国会の諮問を受けることができるとされている。政府による，公財政の複数年にわたる方針を定める計画策定法律案についての諮問は任意的であるのに対し，経済，社会または環境に関するすべての計画または計画策定法律案は，必要的に経済社会環境評議会に付託される（70条）。

　経済社会環境評議会の構成員は，社会におけるさまざまなカテゴリーの代表であり，各カテゴリーの代表的な団体によって任命される。経済社会環境評議会構成員の任命における配分と条件に関する2021年のデクレによれば，現在の構成員は175名である。その内訳は，ⓐ勤労者の代表52名，ⓑ企業，農業，職人，自由業，共済組合，協同組合および商工会議所の代表52名，ⓒ社会的・地域的結合，活動団体および海外領土の代表45名，ⓓ自然および環境の保護の領域の代表26名，である。

　評議会の成立には，構成員の4分の3が任命されることが要件となっている。

7　権利擁護官

　権利擁護官（Défenseur des droits）は，2008年の憲法改正によって創設された新たな機関である。憲法71条の1は，権利擁護官について「国の行政機関，

地方公共団体，公施設法人および公役務を担うあらゆる組織あるいは組織法律が権限を付与したあらゆる組織によって，権利および自由が尊重されるように監視する」ものとした（同条1項）。権利擁護官は，憲法13条の定める手続に従い大統領によって任命される。任期は6年であり，再任はできない（同条4項）。また，その活動については大統領および国会に報告する義務を負う（同条5項）。

権利擁護官に関する組織法律4条は，権利擁護官の任務として，ⓐ国の行政機関，地方公共団体，公施設法人および公役務の任にあたる機関との関係における権利と自由の擁護，ⓑ法律またはフランスが同意した国際協約により認められた子どもの利益および権利の擁護および増進，ⓒ法律またはフランスが同意した国際協約により禁止された，直接的または間接的な差別への対策および平等の促進，ⓓ共和国の領土において，治安機関で活動を行う者の職業倫理の監視，を定めている。

権利擁護官に申立てを行うことができるのは，同法5条によれば，ⓐ国の行政機関，地方公共団体，公施設法人および公役務の任にあたる機関の行為により，権利および自由を侵害されたと考えるすべての自然人または法人，ⓑ権利の保護または自らの利益が侵害されている状況を訴える子ども本人，またはその法定代理人，家族，医療・社会福祉機関あるいは子どもの権利保護を行う団体，ⓒ法律またはフランスが同意した国際協約により禁止された，直接的または間接的な差別の被害を受けたと考えるすべての個人，または差別と戦い，被害者を援助するすべての団体，ⓓ治安維持の領域における職業倫理規定に反する行為によるすべての被害者またはその目撃者，となっている。

申立ては，権利擁護官の代理人に対して電話，書面または対面で行うことができるほか，権利擁護官に対して，ウェブサイトを通じて直接申立てを行うことが可能である。

8　地方自治

(1)　フランスの地方制度

①　1982年地方分権法　　フランスは，中央集権の伝統が色濃く残る国として理解されることが多かったように思われる。しかしながら，革命期以降フ

ランスでは中央集権化と地方分権化の間の往復が繰り返されてきた歴史がある。第五共和制においても，古くはド・ゴールによって地方制度改革が試みられた。その後のジョルジュ・ポンピドゥー，ジスカール・デスタンの各政権下においても地方分権は重要な課題であり続けたが，第五共和制における地方制度改革が大きく前進したのは，ミッテラン大統領が「市町村（コミューン，communes），県（départements）および州（régions）の権利と自由に関する法律（いわゆる1982年地方分権法）」を成立させたことである。

　1982年地方分権法においては，3点の重要な改革が指摘されるところである。第1に，それ以前は国から県に派遣されていた，いわば官選知事である地方長官(préfet)に替わり，県議会議員の互選によって選出される県議会議長(président de conseil général) が県の執行機関となったことである。これにより，地方長官の権限は国の出先機関としての権限に限定された。第2に，それまで公施設法人として位置づけられていた州が，地方公共団体（collectivité territoriale）としての地位を獲得したことである。住民の直接公選による州議会が設置され，州の執行機関には，州議会議員の互選により選出される州議会議長があてられることとなった。第3に，国による事前の違法／合法，正当／不当といった後見監督が廃止されたことである。地方公共団体の条例制定や予算の議決などについては州または地方長官（préfet）への届出を行うこととされ，地方長官は当該行為について違法か合法かを審査して違法と判断した場合には行政裁判所に提訴し，その判断に委ねるという事後的な行政監督となった。

　1982年の地方分権改革の結果，フランスの地方自治制度は，市町村たるコミューン，県，州の3層構造を基本とすることとなった。コミューンは，都市計画や幼稚園，小学校などの身近な施設の設置・管理を担う。県は，社会福祉事業，県道や都市間交通の整備，中学校の設置・管理といった権限を行使する。州は，運河，水路，河川港の新設・整備・運営などの地域開発，国土整備，経済・社会的および文化・科学的地域開発や高等学校の設置・管理，職業教育・研修等の権限を付与されている。そして，それぞれの団体は住民が直接選挙する議会を有し，議会議員の互選による議長がその地方公共団体の首長を務める仕組みが整ったのである。

　②　**地方自治の進展**　　続いて，2003年には，再選を果たしたジャック・シ

ラク大統領の下，ラファラン内閣が「共和国の地方分権化に関する憲法改正案」を提出し，同年３月第五共和制における地方分権の第２章ともいうべき憲法改正が実現した。

　この2003年の憲法改正は，以下の８つの点に及んでいる。

　ⓐ共和国の不可分性や法の下の平等といったフランス共和国の基本理念を定めた憲法１条に，「フランスの組織は地方分権化される」という一文を加え，地方分権を共和国の基本理念とした。

　ⓑ法律および命令に，対象と期間を定めた実験的性格をもつ規定を設けることができることとした（37条の１）。また，「組織法律が定める要件に従い，かつ公的自由あるいは憲法上保障されている権利の行使にとって本質的な条件が問題になっている場合を除き」，特定の地方公共団体と地方広域連合体を，対象と期間を限定して，実験的に，その権限行使を規律する法律または命令の適用除外とすることが可能となった（72条４項）。これにより，特定の地方公共団体において新たな実験を行うことが可能となった。

　ⓒ地方公共団体の組織に関する政府提出法律案について，元老院の先議権が定められた（39条２項）。これは，元老院が地域代表であることに由来する。

　ⓓ市町村（コミューン），県に加え，州が憲法上の地方公共団体としての地位を獲得した（72条１項）。

　ⓔ「地方公共団体は，その段階で最もよく実施しうる権限の全体について決定をくだす任務を有する」と定め，国と地方の権限配分についての「補完性の原則」を採用した（72条２項）。

　ⓕ「組織法律が定める要件の下で，１つの地方公共団体の権限に属する決議案または行為案は，当該公共団体の発議により，住民投票を通じて，その公共団体の選挙人の決定に付すことができる」と定め，決定型住民投票の仕組みを整えた（72条の１第２項）。

　ⓖ財政自主権を強化した（72条の２）。その内容として，法律の定める要件に従った財源の自由な利用，課税権限の拡大，税収および固有財源が財源の決定的な割合を占めなければならないこと，国と地方公共団体との間での権限移譲には財源の移譲も伴うこと，地方公共団体間の財政力の均衡を図るための法律の制定，である。

ⓗ海外地方公共団体についての規定が整備された（72条の3〜74条の1）。

(2) ニューカレドニア

ニューカレドニアは，1853年にフランスに併合された。しかしながら，先住民族であるカナック（canaque）はフランスからの独立を強く要求するようになった。その背景には，支配層との経済格差があったとされる。他方で，反独立派も勢力を維持し続けた。植民地支配で獲得した既得権益が，独立によって失われることを危惧したためである。

独立派と反独立派との対立は次第に激化していったが，このような状況下で，1988年6月には当時のミシェル・ロカール首相が独立派と反独立派の指導者をパリに呼びよせて会談を行い，ニューカレドニアの自治を拡大するマティニョン合意が成立した。しかしながら，翌年，マティニョン合意に署名した独立派の指導者であるジャン・マリーチバウが暗殺されるなど，事態は混乱を極めた。

1998年5月，フランス政府と独立派，反独立派の三者間に，ニューカレドニアのさらなる自治権の拡大と，独立の是非を問う住民投票の実施が合意された。ヌメア協定である。住民投票について，同協定では2018年までの実施と，独立が否決された場合の重ねての住民投票の実施が定められており，2018年に1回目の住民投票が実施されたが，結果は反独立派の勝利であった。

その後，2020年と2021年にも同様の住民投票が実施されたものの，いずれも独立の提案は否決されている。なお，近年では，独立が達成された場合に同地域で産出されるニッケルなどの貴重な鉱物資源の獲得を目指し，他国が経済支援やインフラ整備を通じて影響力を強めることに対する警戒感や，インド太平洋地域における軍事戦略の観点から，同地域のフランス軍基地のプレゼンスが高まっていることもまた，独立に反対する理由となってきている。

憲法76条は，ヌメア協定の承認に関する住民投票について，その実施時期（1項），選挙権者（2項）などについて定めるものである。

また，77条では，ヌメア協定の承認後に施行される組織法律の実施について規定しているが，まず，同条1項2号にいう「議会」は，「ニューカレドニアの」議会であることが明らかにされている。また，ニューカレドニアの議会の議員を選出する選挙人の資格が，76条2項の定める選挙人名簿に登載されている者

であることが定められている（3項）。

(3) フランス語圏および提携協定

　フランスは，とりわけ19世紀後半以降，アフリカを中心として広大な植民地を築いた。この名残として，現在でも海外の旧植民地をフランスの一部とする取扱いが行われている。

　海外のフランスとしては，原則としてフランス本土の県と対等の地位を認められている「海外県（département d'outre-mer）」と，海外県以外の領土として強い独立性が保障されている「海外領土（territoire d'outre-mer）」とがある。

　これに関連して，憲法14章は，「フランス語圏および提携協定」について定めており，87条および88条の２つの条文からなっている。

　87条は，「共和国は，フランス語を共有する諸国家と人民との間の連帯と協力の発展に関わる」とし，88条は，「共和国は，文明を発展させるために，共和国と連携することを希望する諸国家との間に協定を締結することができる」と定める。

9　憲法改正

(1) 憲法改正手続

　第五共和制憲法は，改正手続に着目すればいわゆる硬性憲法（Constitution rigide）である。とはいえ，第五共和制の成立以来，2022年現在でフランスは24回の憲法改正を経験している。

　第五共和制憲法は，第16章「改正（De la révision）」の89条において憲法改正について定めている。89条の１項から３項は憲法改正の手続を，４項および５項は憲法改正の限界を，それぞれ規定する。

　同条１項は，憲法改正の発議権を大統領および国会議員に競合的に認めている。首相の提案に基づく前者の発議は projet と呼ばれ，後者は，proposition と呼ばれる。

　projet については，憲法改正の実質的な発議権が大統領と首相のいずれに帰属するのかが問題となるが，大統領は首相に対して提案を強制することはでき

ず，首相の提案に大統領が応ずる義務もないと考えられる。proposition については，大統領，首相のいずれも，法的な意味でその発議に干渉することはできない。

また，同条 2 項によれば，いずれの憲法改正案も憲法42条 3 項が定める期間の要件に従って審議され，両議院において同一の文言で表決されることが必要である。最終的に，憲法改正は国民投票によって承認された後，確定的となる。

なお，大統領の発議による憲法改正案については，大統領が両院合同会議として招集される国会に改正案を付託する旨を決定し，両院合同会議において有効投票数の 5 分の 3 の多数で可決された場合には，国民投票を回避することが可能である（同条 3 項）。もっとも，こうした国民投票を経由しない憲法改正は例外的なものとして認識されるべきであろう。

(2)　例外的な憲法改正手続

憲法改正手続のきわめて稀な例外として，憲法11条が定める法律案の国民投票への付託という手続による憲法改正が行われたことがあった。ド・ゴール大統領による1962年の憲法改正と，1969年の憲法改正の試みである。

憲法11条は，同条 1 項に列挙された法律案を国民投票に付するための規定である。1962年，ド・ゴールは大統領の選挙制度を間接選挙から直接選挙へと改める内容の憲法改正を，11条の手続に従って国会の審議を経ることなく実現した。11条に依拠した憲法改正については違憲の疑いが濃厚とされるが，1962年の憲法改正について憲法院は，国民投票によって承認された法律（1962年11月 6 日の法律，具体的には今回の憲法改正）には違憲審査権は及ばないと判断している。

さらに，1969年，ド・ゴールは再び11条によって地方制度および元老院の改革を目指した憲法改正を試みたが，国民投票の結果改正案は否決された。

(3)　憲法改正の限界

憲法の改正については，その限界が問題となる。フランスにおける，憲法上明文で規定された改正の限界を確認すると以下の通りとなる。

まず，89条 4 項は「領土の一体性が侵害されている場合」を，7 条11項は「大

統領が欠けている間」あるいは「大統領の障害（empêchement）の確定的宣言から新大統領選出までの間」を，憲法改正ができない期間として定めている。また，憲法上の公権力の適正な行使が中断され，大統領が非常事態を宣言した場合（16条1項）も，憲法改正を限界づけるものと解される。

また，憲法改正の内容的な限界として，89条5項は「共和政体」を対象とした憲法改正を禁じている。

(4) 第五共和制下の憲法改正

すでに述べたように，第五共和制においては2022年現在で24回の憲法改正が行われている。これらの改正を，その内容に着目して大まかに分類すると，およそ次のようになる（数字は改正の順番を表す）。

第五共和制下の憲法改正一覧

統治機構に関する改正	②1962年11月6日（大統領選挙の直接公選制導入），③1963年12月30日（国会の会期の変更），④1974年10月29日（憲法院への付託権者拡大），⑤1976年6月18日（大統領が欠けた場合の措置），⑦1993年7月27日（司法官職高等評議会，高等法院および経過規定について），⑨1995年8月4日（国民投票の範囲拡大など），⑩1996年2月22日（社会保障財政の項目の追加），⑮2000年10月2日（大統領の任期短縮），⑰2003年3月28日（地方分権改革），㉑2007年2月23日（高等院），㉔2008年7月23日（第五共和制の諸制度の改革）
欧州連合に関する改正	⑥1992年6月25日（マーストリヒト条約批准），⑫1999年1月25日（アムステルダム条約の憲法適合性確保），⑯2003年3月25日（欧州逮捕状），⑱2005年3月1日（欧州憲法制定条約批准），㉓2008年2月4日（リスボン条約批准）
その他	①1960年6月4日（フランス共同体），⑧1993年11月25日（庇護を受ける権利），⑪1998年7月20日（ニューカレドニア），⑬1999年7月8日（国際刑事裁判所の裁判権），⑭1999年7月8日（パリテ），⑲2005年3月1日（環境憲章），⑳2007年2月23日（ニューカレドニア選挙人団），㉒2007年2月23日（死刑廃止）

もとより，憲法改正は国家の基本法の変更であることからいずれも重要な内容を含むものである。とはいえ，フランスの統治構造に大きく影響を与えた改正として，1962年の大統領の選出方法を直接公選制に改めた改正，1974年の憲法院への付託権者の拡大，2000年の大統領の任期短縮，そして2008年の第五共和制の諸制度の改革には注意が必要である。

(5) 2008年7月23日の憲法改正

2008年7月23日の憲法改正は，質量ともに第五共和制の形を大きく変貌させる内容を含んでいた。憲法改正を選挙公約にも盛り込み，改正に主導的な役割を果たしたニコラ・サルコジ大統領は，憲法改正に先立って2007年7月,エドゥアール・バラデュール元首相を委員長とする「第五共和制の諸制度の現代化と再均衡化について検討および提案を行う委員会（Comité de réflexion et de proposition sur la modernisation et le rééquilibrage des institutions de la Vᵉ République)」，いわゆるバラデュール委員会を設置し，制度の改革について諮問した。同年10月，委員会は「より民主的な第五共和制（Une Vᵉ République plus démocratique)」と題する報告書を提出した。これを受けて，サルコジ大統領はフランソワ・フィヨン首相に憲法改正法律案の準備を指示した。2008年4月に閣議決定された憲法改正法律案は，上下両院における2回の読会を経て両院合同会議に提出され，7月21日に可決された。

2008年憲法改正は，バラデュール委員会報告書の内容を反映し，ⓐより統制された執行権，ⓑ強化された議会，ⓒ市民のための新しい諸権利，の3点につき，77の提案がなされていた。このうち，ⓐおよびⓑの具体的な内容については，すでに概観した通りである。ⓒに関しては，権利擁護官については既述の通りである。また，憲法院の事後的違憲審査制の導入については第1部第3章を参照のこと。

(6) 憲法改正の近年の動向

近年では，エマニュエル・マクロン大統領が繰り返し国民議会に憲法改正案を提出していることが注目される。2008年の憲法改正を進化させ，政治制度改革を推進するとともに，国民の政治参加をうながす方向での改正が目指されている。さらには，環境保護に関する国家の役割を明確にする内容も含まれている。2018年の憲法改正案には，共和国法院の廃止や憲法院への付託に必要な国会議員数の削減など，重要な変更を伴う内容が含まれていたが，国民議会での審議は中断したままとなった。2019年には，前年の改正案も部分的に維持しながら，新たに国が環境および生物の多様性を保護し，気候変動に対応する行動をとること，国民発案の要件の緩和と国民投票の対象範囲の拡大などを内容と

する憲法改正案が国民議会に提出されているが，憲法改正は実現していない。環境保護については，その後も重要な改正点の一つとして2021年にも繰り返し国民議会に提出されている。

10　おわりに

　1958年の発足当初から，第五共和制は執行権優位の国家体制を特徴としてきた。このことは，小党分立のゆえに議会が機能不全に陥った第三共和制および第四共和制の国家体制に対する決別であったといえる。また，大統領は，「双頭制」と呼ばれるように執行権を政府と分有するものの，首相の任免権や国民議会の解散権を付与され，国家統治の中心に位置づけられてきた。これとは対照的に，議会は「合理化」の名の下にその権限を著しく縮小されており，法律事項の限定はその象徴的な一例といえる。

　しかしながら，このような執行権と立法権の不均衡は徐々に修正を受け，とりわけ2008年の憲法改正では，上述のように執行権の統制と議会権限の強化という国家権力間の均衡が図られ，これに市民への新たな権利の保障が加わって，より民主的な共和国の構築が目指された。これは，「第六共和制」の誕生とも呼べるほどの大変革とまで称される，第五共和制の大きな転換点であった。

　こうした経験の後，さらなる変革が企図されている第五共和制の統治機構を，今後も注視していくことが必要であろう。

第3章

フランスの裁判制度

1　はじめに

　フランスには，わが国の最高裁判所にあたる裁判所が2つある。すなわち，破毀院（Cour de Cassation）と国務院（Conseil d'Etat）である。このように最高裁判所が2つあるのは，フランスが二元的裁判制度をとり，民刑事事件と行政事件が厳格に区別され，それぞれについて第一審から上告審まで管轄する裁判所が別に存在するためである。これに加え，管轄を決定するための権限裁判所や，合憲性審査などを扱う憲法院も存在するため，フランスの裁判制度は，わが国と比べると，非常に複雑な構造となっている（下記の組織図参照）。

　二元的裁判制度の特徴は複数あるが，それを理解するために最も分かりやす

フランスの裁判組織

出所：司法省 HP http://www.justice.gouv.fr/organisation-de-la-justice-10031/ より引用（和訳は筆者による）

い例をここで挙げておきたい。たとえば，出生前検査の結果を医師が誤って診断したのち，障害をもった子が生まれたことにつき，親がこの医師を相手取って損害賠償請求訴訟を提起したとする。二元的裁判制度をとるフランスでは，被告となる医師が所属している医療機関の種類によって，管轄する裁判所が異なる。すなわち，この医師が民間クリニックの開業医である場合には司法裁判所が，公立病院の勤務医である場合には行政裁判所が事案を扱うことになる。さらに，当事者が，訴訟の中で適用される法律が違憲であると主張している場合には，司法裁判所も行政裁判所もこうした違憲の抗弁については審査ができないため，訴訟をいったん中止した上で憲法院に事案を移送し，当該法律の合憲性についての判断を仰ぐ必要がある。他方で，同一のケースがわが国で起こった場合を想定すると，医師がどのような性質の医療機関に所属していても，同じ裁判所が管轄するし，当事者は，憲法問題についても，第一審段階から通常裁判所で争うことができる。このように，同種の事案であっても，日本とフランスとでは審理のプロセスが異なるため，注意する必要がある。

　さらに，フランスの司法組織に固有の特徴として，現行憲法の中に裁判所全般について規定する条文がほとんどない，ということが挙げられる。わが国の憲法と比べると，その違いは明らかである。たとえば，日本国憲法では，第6章において，司法に関する基本的な諸原則が明文で規定されている。具体的には，司法権の所在，特別裁判所の設置の禁止，裁判官の独立（以上76条），裁判官の身分保障（78条），最高裁判所の構成（79条），下級裁判所の裁判官（80条），裁判の公開性（82条）などが挙げられる。これに対して，フランスの1958年憲法の中で，司法組織に関わる重要な条文といえば第8章の64条のみである。すなわち，同条1項が司法組織の独立の原則を謳い，同条3項が裁判官の身分の保障は法律に基づくことを規定し，最後に，同条4項により裁判官は罷免されない旨が定められているにすぎない。つまり，日本国憲法が掲げるような司法の諸原則について言及する条文がほとんど見当たらないのである（それでも，従前のフランス憲法には司法組織に関する条文が一切なかったことに鑑みると，1958年憲法の構成は，フランス憲法史上に限っていえば，画期的な形であるともいえる）。そもそも，憲法の第8章に「司法機関（autorité judiciaire）」というタイトルが付けられていることからも明らかであるように，1958年憲法の中で，裁判所は，

執行権（pouvoir exécutif），立法権（pouvoir législatif）と並ぶ司法権（pouvoir législatif）としては位置づけられていない。唯一，憲法院に関しては，別に章立てされた上で，詳細な規定がおかれているが（56条～63条），これは，フランスでは，憲法訴訟が，通常裁判所ではなく，これらから独立した憲法院という特別な裁判所で扱われることになっているからである（後述）。

　では，現行憲法の中に司法組織に関わる基本規定がほとんど見当たらないことは，フランスでは司法の諸原則は保障されていないということを意味するのかというと，そうではない。実際には，たとえば，フランスでも裁判の公開性の原則は適用されているし，裁判官の身分も保障されている。ただ，こうした司法に関する基本的な諸原則が，憲法ではなく，法律のレベルで保障されている点にフランス法の特徴がある。たとえば，裁判手続の無償の原則（司法組織法典 L.111-2条）（ただし，訴訟の種類によっては，当事者に一定の負担金が課される場合がある），裁判所におけるサービス提供の恒常性・継続性の原則（司法組織法典 L.111-4条）（ただし，一部例外がある），法廷の公開性の原則（刑事訴訟法典400条，行政裁判法典6条，1972年7月5日の法律11-1条）など，裁判手続を組織したり，実施したりする上で必要な諸原則は，分野ごとに法律で定められている。

　以上のような理由から，フランスの主だった憲法の概説書を開いても，「司法（権）」に関する記述はほとんど見られない。したがって，純粋にフランス法的な発想に従うのであれば，憲法という枠組みでは司法組織について細かく検討する必要はないともいえる。しかしながら，統治機構という視点から見れば，フランスでも三権分立が徹底されていることは明らかである。そこで，本書においても，執行権，立法権とならぶ司法権の一環として，司法組織を扱うことが適当であると考えられる。本章では，こうした背景を踏まえた上で，裁判組織という名の下でフランスの裁判制度全体について取り扱うことにしたい。

2　二元的裁判制度

　現在，フランスで採用されている二元的裁判制度（dualité des ordres judiciaires）の淵源は，フランス革命期に制定された法律まで遡る。すなわち，司法組織に関する1790年8月16日-24日の法律13条が「司法的機能は，行政的

機能とは区別され，常に分離される……」と規定し，さらに1795年9月2日の
デクレが，司法裁判所が行政事件を解決することを禁止していたことから，行
政事件に対する司法不介入の原則がフランス法の中で徹底されてきた。その後，
革命の終息期になって，現在のような，明確に司法裁判所と行政裁判所が分離
される二元的裁判制度の原型が作られた。以来，司法裁判所と行政裁判所は別々
に組織され，それぞれの中で複雑な裁判組織が構築されてきている。近年，そ
の複雑さの弊害が指摘されるようになり，種々の改正による近代化が進められ
ている（後述）。

　司法裁判所および行政裁判所に共通する特徴としては次のような点が挙げら
れる。第1に，組織に関しては，事実審における二審制の原則（principe du
double degré de juridiction）が指摘できる。フランスでは，審級を数える場合に
事実審のみを対象とするため，第一審および控訴審という二審級のみが考慮に
入れられる。これに，最終的に法律審が加わることによって，全体としてわが
国と同じ三審制の形をとる。法律審としては，破毀院および国務院という最高
裁判所が設置されているが，国務院については，破毀審としての機能に加えて
いくつか特殊な性質が見られるため注意が必要である（後述）。

　司法裁判所と行政裁判所に共通する特徴の2点目としては，両者ともに，普
通法裁判所（juridiction de droit commun）と例外裁判所（juridiction d'exception）
を有することが指摘できる。後述するように，フランスには，法律で定められ
た特定の分野のみを管轄する例外裁判所が複数存在する。こうした例外裁判所
では，管轄権が限定されている上に，とりわけ司法裁判所に関しては，裁判所
の性質に応じて，素人裁判官や参審員が審理に参加することがあり，普通法裁
判所とは管轄だけでなく法廷の構成という点でも大きく異なる。

　二元的裁判制度の採用は，一見したところ問題はないように思われるが，実
際には，場合によって複雑な問題を提起しうる。たとえば，事案の性質から見
て，行政裁判所に訴えるべきか，司法裁判所に訴えるべきか，当事者にとって
自明ではない場合には，訴訟を開始するためにまず管轄する裁判所を決めなけ
ればならないという前段階の作業が必要になる。また，同種の事案につき，行
政裁判所と司法裁判所の判断が必ずしも同じであるとは限らず，見解が分かれ
る可能性もあることを想定する必要がある。典型的な事例が，1975年から1989

年の間に生じた，条約適合性審査の管轄権に関わる判例の対立である（詳細は第1部第4章参照）。このように，二元的裁判制度には，実際の運用に伴い，いくつか現実的な問題が発生することに注意しなければならない。これらの点を踏まえ，以下では，司法裁判所，行政裁判所，権限裁判所，憲法院の順に検討する。

(1) 司法裁判所

　司法裁判所は，民事事件を管轄する系統と，刑事事件を扱う系統に分けられる。それぞれに，普通法裁判所と例外裁判所が設置されている。近年になり，こうした組織の複雑性ゆえに，現代的な問題に機敏に対応できていないと批判されるようになったことから，組織改革による近代化が試みられてきた。中でも，直近の大規模な改正は，2016年の2つの法律（2016年8月8日の法律および2016年11月18日の法律）に基づくものである。具体的には，「より実効性のある，シンプルで，万人にアクセスしやすい，独立した司法組織」の構築を目指してさまざまな制度改革が実施されており，たとえば，各種裁判所の管轄権の整理，家事事件における手続の簡便化など，多種多様な分野にわたって段階的に改革が進められている。

　① **民事裁判所**　　民事裁判所の構成については，司法組織法典によって定められている。ただし，民事裁判所の原型はアンシャンレジーム時代に作られたものであり，何度かの改正を経ているとはいえ，基本的な構造は変わっていないため，現代社会にそぐわなくなった部分があるとしてここ数年は改革の対象となっている。こうしたことから，制度は頻繁に変更されており，常に情報のアップデートが必要である。この点に注意しながら，以下において，第一審から順番に検討する。

　（ⅰ）第一審

　㋐ **普通法裁判所**　　まず，第一審としては，第一審司法裁判所（tribunal judiciaire）が設置されている。2020年1月1日に，それまで別々に存在していた大審裁判所（tribunal de grande instance）と小審裁判所（tribunal d'instance）が1つに統合されて，第一審司法裁判所となった。各県ごとに少なくとも1つの裁判所が設置されている。原則として，被告の住所地を管轄する裁判所が当

該事件を扱う。管轄に関しては，次に述べる例外裁判所が管轄する範囲を除く，すべての民事事件を扱う。なお，第一審司法裁判所には，近隣裁判所（tribunal de proximité）が付属しており，ここでは民事訴訟の中でも，訴額が1万ユーロ以下の事件が裁かれることになっている。第一審司法裁判所では，事件の性質により，弁護士強制となるかどうかが細かく決められている。法廷の構成は，原則として3名の裁判官による合議制であるが，裁判所長の決定により単独裁判もありうる。また，特定の分野については，当初より単独裁判官制がとられる。たとえば，執行裁判官，家事裁判官，少年事件裁判官，保護事件裁判官などがこれにあたる。

⑦　例外裁判所　　例外裁判所とは，法定の事件のみを管轄する裁判所である。大抵の例外裁判所では，市民が利用しやすいように手続が簡略・迅速化されている。一例として，手続はすべて，書面主義ではなく口頭主義によるものとされている。民事裁判所における例外裁判所は第一審段階のみに設置されていることから，くだされた判決に対する控訴はすべて普通法裁判所である控訴院が扱う（後述）。民事裁判を扱う例外裁判所には次のような種類がある。

商事裁判所　　商事裁判所（tribunal de commerce）については，2006年6月8日のデクレ以降，司法組織法典ではなく商法典によって管轄等が定められている。具体的には，商行為，商事会社に関わる紛争，裁判上の更生・清算などを扱う。商事裁判所の構成はやや特殊であり，当該商事裁判所の管轄内に登録されている商人によって，商工会議所のリストの中から選挙で選ばれた商人が判事（consulaire）となる。いわゆる，素人裁判官制である。これは，商人のほうが，職業裁判官より商業上の慣習を熟知しているという理由に基づく。フランス革命以来，この形をとる裁判所としては現存する最古の裁判所であるといわれているが，現在は，事案の複雑化や公平性の観点から，職業裁判官を交えた構成にすべきではないかとの批判もある。原則として，口頭主義がとられ，一部の例外的な事案を除き，弁護士強制がとられている。

労働裁判所　　労働裁判所（conseil de prud'hommes）の起源は，アンシャンレジーム時代にリヨンに存在した労働争訟を扱う裁判所であるといわれている。以来，長い歴史を有するが，2015年8月6日の法律によって大幅に変更が加えられ，現在は改革の途にある。労働裁判所は，おもに，雇用者と被雇用者

の間の争訟を管轄する裁判所である。それぞれのカテゴリーから推薦された者の中から，司法大臣と労働大臣が判事を指名する。したがって，先の商事裁判所と同様，素人裁判官制をとる。公平性の観点から，雇用者側の判事と，被雇用者側の判事は同数で法廷を構成することになっているため，可否同数がありうる。この場合，決裁裁判官として第一審司法裁判所の裁判官が参加する（労働法典 L.1243-9 条）。和解前置主義が採用されている。

　　農地賃貸借同数裁判所　　農地賃貸借同数裁判所（tribunal paritaire des baux ruraux）は，その名前の通り，農地の賃貸借に関わる事案のみを管轄する例外裁判所である。第一審司法裁判所裁判官1名と陪席裁判官4名からなる。陪席裁判官の職には，賃貸人のカテゴリーから選ばれた者2名と，賃借人のカテゴリーから選ばれた者2名が就く。したがって，純粋な素人裁判官制をとる商事裁判所や労働裁判所とは違い，参審制であるといわれることもある。なお，農地賃貸借同数裁判所は，提起された訴えの数に応じて開廷期が設けられるため，常設裁判所ではない。

　　以上のいずれの例外裁判所の裁判についても，訴額が5000ユーロに満たない事案に対しては上訴制限がかかるため，第一審裁判所が終審であり，破毀院への破毀申立てのみが認められる。

　（ⅱ）　**控訴審**　　控訴審には，例外裁判所は設置されていないため，すべての控訴は控訴院（cour d'appel）が管轄する。全国に36の控訴院が設置されており，各管轄内の第一審裁判所および例外裁判所からの控訴をすべて取り扱う（司法組織法典 L.311-1 条）。扱う事件数と種類が多いため，法廷は，民事部，社会部，商事部に分かれている。なお，普通法裁判所であることから，すべての法廷は職業裁判官のみで構成されている。

　② **刑事裁判所**　　刑事裁判所に関しても，民事裁判所と同様に，第一審段階には普通法裁判所と例外裁判所が設置されている。

　（ⅰ）　**第一審**

　㋐　**普通法裁判所**　　刑事事件については，予審と本案審理の段階で，それぞれ異なる制度が整備されている。まず，予審段階では，予審判事（juge d'instruction）と自由と勾留のための判事（juge des libertés et de la détention）が制度として設けられている。

予審判事　　フランスでは，予審手続と訴追手続は完全に分化しており，前者については予審判事，後者に関しては検察官が主導する。予審は，重罪の場合は必須であり，軽罪および違警罪に関しては任意である。予審判事の職務は，第１に証拠の収集である。すなわち，「真実の表出に必要であると考えられるすべての情報の収集」（刑事訴訟法典81条）を行う。予審開始決定は，犯罪の実行に正犯または共犯として関与した可能性のある重大な証拠か，裏付けとなる証拠がある者に対してのみ行われる（刑事訴訟法典80-１条）。予審判事は，このために必要な令状を発する。

　自由と勾留のための判事　　自由と勾留のための判事は，2000年６月15日の法律によって創設された，比較的新しい制度である。予審判事または検察官からの付託を受けて，一時勾留（détention provisoire）について判断し，家宅捜索（perquisition），差押（saisie）および通信傍受（écoutes téléphoniques）を許可する。なお，2017年９月より，予審判事，少年裁判官，刑罰適用裁判官と同じく「特別裁判官（juges spécialisés）」として扱われている。

　次に，本案審理に関しては，犯罪の３類型に基づいて裁判管轄が決定される。刑法上は，罪の軽い順に，違警罪（罰金が3000ユーロ未満の犯罪）（刑法典131-13条），軽罪（10年以下の拘禁または／および3750ユーロを超える罰金が科せられる犯罪）（刑法典131-３条）および重罪（15年を超える拘禁または終身刑が科せられる犯罪）と分類される。これらの犯罪類型に応じて，以下の通り，管轄する裁判所が決められている。

　違警罪裁判所　　違警罪は，第１種から第５種に分類されるが，違警罪裁判所（tribunal de police）はこれらすべてを管轄する。また，単独裁判官制である。違警罪裁判所における手続は迅速で簡潔化されている。

　軽罪裁判所　　軽罪裁判所（tribunal correctionnel）は，すべての軽罪（拘禁（emprisonnement）または3750ユーロ以上の罰金に科される犯罪）を管轄する。法定の場合を除き，裁判長１名に判事２名が加わった合議制が採られる。

　重罪院　　重罪院（cour d'assises）は，重罪を管轄する普通法裁判所であるが，違警罪裁判所や軽罪裁判所とは異なる特徴がいくつか認められる。まず，重罪院は常設裁判所ではない。予め開廷期が決められており，その期間のみ裁判所として機能する。また，法廷の構成にも特殊性がある。裁判長１名および陪席

裁判官2名に加えて，6名の陪審員（juré）が加わるからである。普通法裁判所の中で，市民が審理に参加するのは重罪院だけである。陪審員は，23歳以上のフランス国籍を有する一般市民から無作為に抽出される。テロ犯罪など一部の重大犯罪については，安全性の観点から職業裁判官のみによる裁判となるが，それ以外は，陪審員は職業裁判官とともに事実問題および法律問題を審理する。評決は，多数決制に基づく。特に，被告に不利な判断をくだす場合は少なくとも7名以上の賛成が必要であり，かつ白票や無効票は被告に有利になるよう扱われる。重罪院の判決に対しては，別の重罪院に控訴することができる。この場合の法廷には，3名の職業裁判官に加えて，9名の陪審員が参加する。

　県犯罪法院　県犯罪法院（cour criminelle départementale）は，2019年3月23日の法律の63条によって新設された裁判所である。当初15の県の中に試行的に設置されたが，その後さらに設置数が増えている。試行期間終了の6か月前までに総括が国会に提出されることになっていたが，2021年12月22日の司法機関における信頼のための法律に基づき，2023年1月1日より県犯罪法院という名で継続されることになった。県犯罪法院は，15年以上20年以下の懲役刑が科される重罪のうち，再犯を除いた犯罪を管轄する。基本的に，重罪院が設置されている場所に県犯罪法院も設置されるが，県犯罪法院は，重罪院が扱う事案のすべてを代わって審理するわけではない。なお，重罪院とは異なり，法廷は，1名の裁判長および4名の陪席裁判官から構成され，陪審員は参加しない。

　④　**例外裁判所**　刑事事件を扱う例外裁判としては，おもに未成年者が関わった事案を取り扱う特別裁判所が挙げられる。

　少年のための裁判所　フランスの成人年齢は18歳である。18歳に満たない少年によって行われた犯罪は，普通法裁判所ではなく，例外裁判所で扱われる。まず，少年事件担当裁判官（juge des enfants）は，13歳未満の少年による第5種違警罪および軽罪を管轄する（少年刑事裁判法典 L.231-2条）。なお，13歳未満の少年による第1種から第4種違警罪については違警罪裁判所が管轄することになっている（同法典 L.423-1条）。次に，少年裁判所（tribunal pour enfants）は，控訴院の管轄区ごとに少なくとも1つは設置されることになっている。少年事件担当裁判官1名と陪席裁判官（参審員）2名からなる。陪席裁判官は，30歳以上の少年問題に関わっている人の中から選ばれるため，職業裁判官ではない。

13歳以上の少年による第5種違警罪および軽罪，および16歳以下の少年による重罪を管轄する（少年刑事裁判法典 L.231-3条）。なお，少年裁判所の判決に不服がある場合には，控訴院少年特別法廷へ控訴することができる（同法典 L.231-6条）。最後に，少年重罪院（cour d'assises des mineurs）は，16歳から18歳までの少年による重罪を管轄する裁判所である。重罪院の管轄区ごとに設置され，3名の職業裁判官と市民から選ばれる1名の陪審員によって構成される。

政治家を対象とする裁判所　　以上のほかに，刑事裁判を扱う特別な裁判所としては，政治家の刑事責任を追及するための裁判所がある。

まず，高等院（Haute Cour）は，大統領の刑事責任について判断する特別な裁判所であり，憲法67条および68条に規定がおかれている。前身である高等法院（Haute Cour de justice）も大統領による「大反逆罪」を裁く機関として存在していたが，そもそも「大反逆罪」の中身が定義されておらず批判の的になっていたため，2007年2月23日の憲法改正によって，まず名称が「高等院」に変更され，同時に手続や管轄も改められた。具体的に，現行憲法では，高等院は，「明らかにその（大統領の）職務の遂行と両立しない職責の怠慢」があった場合に限り開かれる機関として位置づけられている（68条）。こうした職責の怠慢があったと判断した場合，高等院は，大統領の罷免を決定することができる。高等院は，すべての国会議員から構成され，そこに職業裁判官は含まれない。なお，高等院における判断は，両議院から開会の申請を受けてから1か月以内にくだされる。決議は，秘密投票で行われ，2/3以上の多数で可決される。

共和国法院（Cour de justice de la République）は，汚染された血液製剤による薬害事件がきっかけとなり，1993年の憲法改正によって新設された裁判所である。政府の構成員が自らの職務の遂行中におかした重罪または軽罪を管轄する（なお，政府の構成員による行為であっても，職務遂行外に行われたものについては普通法裁判所が管轄する）。共和国法院は，6名の国民議会議員，6名の元老院議員および3名の破毀院所属の裁判官から構成される。すでに，1993年の憲法改正前も，政府の構成員の刑事責任を追及する場は存在したが，構成員は議員のみであり，また手続上，滅多に訴えが受理されない構造になっていたため，批判の対象になっていた。こうした従前の制度の不備を改善するべく，上記の1993年憲法改正により，68条の1および68条の2によって構成と手続が明示さ

れることになった。

　政府の構成員が職務遂行中に行った犯罪によって権利を侵害された者は誰でも，この共和国法院に訴えることができる。訴えは，まず申立て委員会（commission des requêtes）で受理可能であるかが判断され，次に，予審委員会（commission d'instruction）で訴えを提起した当事者から聞き取りが行われる。すべての手続が終わると，共和国法院に事案が送られ同院で審理される。なお，共和国法院の判決に対しては破毀院への破毀申立てが可能である。破毀院で破毀された場合には，最初とは異なる構成の共和国法院で再度審理される。

　これまで，共和国法院で裁かれた事案はいくつかあるが，どのケースにおいても被告となった政治家には軽い刑罰しか科されていないという特徴が見られた。そこで，フランソワ・オランドは，2012年の大統領選挙で共和国法院の廃止を公約に掲げ，その結果，オランドが大統領を務めていた間に公表された2013年3月14日の憲法改正草案には，共和国法院を廃止する旨を定めた規定が盛り込まれていたが，成立には至らなかった。マクロン政権下の2019年8月28日に閣議に提出された「民主的な生活を刷新するための憲法草案」でも，再度共和国法院の廃止が提案されたが，実現には至っていない。

　(ii)　控訴審　　控訴院の刑事部は，刑事事件に関するすべての普通法裁判所の判決に対する控訴を扱う。原則として，審理は1名の裁判長と2名の判事からなる合議制で行われるが，法定の場合には単独裁判官制がとられることもある。また，少年事件に関わる刑事例外裁判所の判決に対する控訴は，控訴院の中の特別法廷が担当する。

　重罪院の判断に対する控訴および県犯罪法院の判断に対する控訴は，控訴重罪院が管轄する。裁判官は3名であるが，これに加わる陪審員の人数が9名に増員される。

　③　破毀院　　破毀院は，司法裁判所の最高裁判所として，民事および刑事事件に関わる法解釈の調整および判例の統一の役を担う裁判所である。首都パリに1つ設置されている。

　(i)　機能　　破毀院は複数の役割を担っている。第1に，破毀院は，法律審として，原審（控訴審）の判断の適法性を審査する。原審の判断に問題がある場合には，破毀差戻しまたは破毀移送が行われるが，破毀自判も可能である（司

法組織法典 L.411-3 条)。第 2 に，破毀院は，1975年の Jacques Vabre 事件判決以降，条約適合性審査も行っている（第 1 部第 4 章参照）。とりわけ，ヨーロッパ人権条約に関して，その解釈や適用にあたって疑義が生じた場合には，破毀院は，ヨーロッパ人権裁判所に対して諮問的答申を請求することができる（なお，この諮問的答申はヨーロッパ人権条約第16議定書が発効したことによってできた新制度である）。第 3 に，2008年の憲法改正によって事後の合憲性審査制度が作られたことに伴い（後述），この審査のために事案を憲法院へ移送するかどうかについても判断する。第 4 に，破毀院は，新たに，複数の事案で重大な困難を招きうる問題に直面した控訴院あるいはその他の下級審の裁判所から意見（avis）を求められた場合もこれに応える役割を担う。

　これらのほかにも，破毀院は，ヨーロッパ人権裁判所によって条約違反が宣告された場合における事案の再審理（第 1 部第 4 章参照）や，判決の確定後に新たな証拠が出た場合の再審なども行っている。

　(ⅱ)　構成　　破毀院は，院長 1 名，6 つの法廷のそれぞれの裁判長，判事および検察から構成されている。6 つの法廷のうち 5 つが民事事件を扱い，1 つが刑事事件を扱う。それぞれの法廷が担当する事件は決まっており，たとえば，第一民事部は，人の身分や家族に関わる法や消費者法など，第二民事部は社会保障や選挙など，第三民事部は不動産や環境など，商事部は商事関連事件，社会部は労働法関連などを扱うことになっている。

　いずれの法廷であっても，事案が付託されると，3 人の判事からなる限定合議体（formation restreinte）で受理可能性について審理が行われる。受理された場合は，その後，5 名の判事から構成される通常合議体で審理される。当該事案が複数の法廷にまたがる性質をもっていたり，法廷によって異なる結論を招く可能性があったりする場合には，13名の判事からなる混合部（chambre mixte）が開かれる。また，根本的で重大な問題について判断が求められる場合や，同一事案につき，2 度目の破毀申立てがなされた場合には，総部会（assemblée plénière）で審理が行われる。総部会は19名の判事によって構成される。この 2 度目の破毀申立てには固有の性質がある。フランスでは，ある原審判決を破毀院単独部が破毀した場合，当該事案は原審とは異なる裁判所に移送される（新たに法廷の構成を組み替えた同一の裁判所に差し戻されることもあるが稀で

ある）。このとき，破毀院の判断は移送先裁判所を拘束しないため，後者はあらためて事実問題および法律問題について判断をくだす。その結果，移送先裁判所が先の破毀院単独部の判断とは異なる判断をくだし（これを反抗の判決（arrêt de rébellion）という），それが訴訟当事者を満足させるものではなかった場合，当該訴訟当事者は，2度目の破毀申立てを破毀院に対して行うことができる。このときに事案が係属するのが総部会ということになる。総部会は，先の単独部と同じ結論を示すことも，原審判断を肯定することも，これを否定して2度目の破毀を行うこともできる。なお，このときの総部会の判断には拘束力があるため，その後，2度目の破毀移送を受けた裁判所は，総部会の判断に従う必要がある。これにより，最終的には，破毀院による判例の統一が実現されることになる。

(2) 行政裁判所

　行政に関わる事案は，行政裁判所が管轄する。司法裁判所と同様に，普通法裁判所と例外裁判所に区別することができる。

① 第一審

　(i) 普通法裁判所　　行政裁判所の第一審は，行政地方裁判所（tribunal administratif）が担っている。全国に42の行政地方裁判所が設置されている。急速審理など，法定の例外的ケースでは単独裁判官制がとられているが，原則として，3名の判事による合議制である。事案の性質上，国務院に最初から付託される事件（たとえば，違法性が問われている行為が国レベルで権限をもつ機関によって行われた場合）を除き，原則として，すべての行政訴訟は行政地方裁判所が第一審として管轄する。

　行政裁判所の特徴として，裁判官のほかに，公の報告官（rapporteur public）が裁判に関わり，事案における論点を整理し，可能な解決策を提示した結論（総括的意見）を報告書（rapport）という形で提出することが挙げられる。報告書に拘束力はないが，事実上，裁判官は報告書に示された意見を踏まえた上で判決をくだすことが多い。なお，第一審段階では，報告官による総括的意見は省略されることもある。

　(ii) 例外裁判所　　行政裁判所の特別裁判所は，財政裁判所（juridictions

financières）とそれ以外の例外裁判所に分類できる。司法裁判所の例外裁判所と異なり，行政裁判所の例外裁判所は数が多いのですべてを列挙することは不可能である。したがって，ここでは，いくつかの代表的な裁判所を列挙するにとどめる。

　㋐　財政裁判所

　会計院　　会計院（Cour des comptes）は，1807年に，アンシャンレジーム時代の会計会議所（chambres des comptes）をモデルに設置された。現行の1958年憲法には，47条の2に会計院に関わる規定があるが，同条は，裁判組織としての会計院ではなく，国会を補助する機関としての会計院に関わる事項のみを定めている。裁判所としての会計院に関する規定は，財政裁判所法典（Code des juridictions financières）におかれている。会計院は，職業裁判官のみで構成される。ただし，採用は，国務院の評定官等と同じく，国立行政学院（Ecole Nationale d'Administration：ENA，ただし2022年1月より，国立公役務学院（Institut national du service public）に改組）を卒業した者の中から選ばれるため，通常の司法官養成コースを経たのちに採用される司法裁判所の裁判官とは養成課程が異なる。

　裁判組織としての会計院の主たる業務は，公会計官（comptables publics）の会計に関わる訴訟を扱うことである（財政裁判所法典 L.111-1条）。会計院は，公的機関が会計を適法に行っているかを監視する。加えて，地方公共団体の公会計について管轄する州地域会計院（chambre régionale et territoriale des comptes）の判決に対する控訴についても，控訴審として管轄している。

　㋑　その他の行政例外裁判所

　国家庇護権院　　国家庇護権院（Cour nationale du droit d'asile：CNDA）は，1952年に設置された難民申立委員会（Commission de recours des réfugiés）が前身である。同委員会の設立当初はそれほど多くの申立てはなかったが，1980年代に入り，世界各地で紛争が多発するようになると，それに比例して難民が増え申立て数が急増した。2007年11月20日の法律によって現在の名称に改められ，さらに2009年からは国務院の下におかれている。行政例外裁判所としては最も多くの事案を裁く裁判所である。

　CNDAの組織と権限については，外国人の入国・滞在および庇護権に関す

る法典（Code de l'entrée et du séjour des étrangers et du droit d'asile）の中で詳細に規定されている。基本的には，難民および無国籍者の保護庁（Office français de protection des réfugiés et apatrides：OFPRA）が出した決定に対する不服申立てを扱う。直近のデータによれば，難民と認定しなかった OFPRA の判断のうち80％から85％が CNDA への不服申立ての対象となっている。そのため，CNDA に付託される訴訟数は多く，年々増加傾向にある（ただし，Covid-19の感染拡大により，ここ数年は一時的な減少傾向にある）。CNDA が OFPRA の判断を覆す場合，CNDA は1951年のジュネーヴ条約に基づいて直接に当該者を難民に認定したり，あるいは，そのような認定が難しい者に対しては2011年12月13日の EU 指令2011/95/UE 号に基づき難民に準ずる保護を付与したりすることができる。CNDA の判断については，国務院に破毀申立てをすることが認められているが，実際に破毀申立てが行われるケースはごくわずかである。

　専門職業団体の懲戒評議会　　種々の専門職業団体の懲戒評議会による決定は，行政裁判の性質をもつために，この決定に対する破毀申立ては国務院が管轄することになっている。中でも，医療系の職業団体（医師会，歯科医師会，薬剤師会，獣医師会など）には，国務院に破毀申立てをする前に2度にわたって決定の適法性を争う制度が設けられている。たとえば，医師会には，公衆衛生法典に定められた倫理綱領に反した医師の行為について懲戒裁判を行う部門が設置されている。医師会に懲戒の申立てがなされると，まず和解が試みられ，これが不調に終わると，事案は第一審懲戒評議会（chambre disciplinaire de première instance：CDPI）で判断される。ここでの決定に不満がある場合，国家懲戒評議会（chambre disciplinaire nationale）に控訴することができ，さらに同評議会の判断にも納得がいかない場合は，法律問題に限って，国務院に破毀申立てをすることが認められる。

　②　**控訴審**　　1953年に前身である県参事会が改組されて地方裁判所が設置されたものの，1970年代になると提起される訴訟の数が急増し，行政地方裁判所と国務院という2段階の裁判制度では，すべての事案を処理することが困難になった。この訴訟数の増加という問題に対処するため，1987年12月31日の法律により新たに設置されたのが行政控訴院（cour administrative d'appel）である。当初は全国に5つのみが作られたが，その後，さらに4つの行政控訴院が増設

され，現在は，全国で9つの行政控訴院が機能している。行政控訴院の設置により，国務院から控訴審としての役割が大幅に削除され，国務院は主たる機能である破毀審に専心できるようになった。

　行政控訴院は，国務院が控訴審を扱うとされている法定の例外的事件を除き，行政地方裁判所がくだした判決に対する控訴を管轄する（行政裁判法典 L.211-2条）。

　③　破毀審　　行政裁判所の破毀審は国務院である。国務院の歴史は長いが，明確に現在の国務院の原型が作られたのはフランス革命期である。具体的には，1799年12月13日の憲法52条により，法案作成および行政が関連する事件の解決機関としての国務院が設置された。ただし，このときの国務院は第一統領（Premier consul）の諮問機関にすぎず，いわゆる留保裁判（justice retenue）権を有するにすぎなかった。これを委任裁判（justice dérégulée）へと変えたのは，国務院の再編成に関する1872年5月24日の法律である。同法により，国務院の判決は，国家元首などいかなる他の機関の介入なしに，公表とともに効力をもつことが認められた。以来，国務院は，行政事件を裁く独立した裁判所として位置づけられることになったのである。その後，国務院は，判例を通じて，行政裁判所としての自らの管轄権の範囲を明確にするようになる（1873年のBranco判決，1898年のCadot判決，1933年のBenjamin判決など）。

　以上のような歴史的背景を有することから，現行の国務院には他の裁判所にはない固有な特徴が見られる。すなわち，行政裁判所としての機能を果たすとともに政府の諮問機関としても機能するという，二面的性質である。

　まず，諮問機関としては，国務院は，法律や行政立法が採択される前に，政府および国会（元老院および国民議会）に対して答申（avis）という形で助言を行う。その中で，当該機関が制定しようとしている法規（法律，オルドナンス，デクレなど）が，憲法，国際法，ヨーロッパ法および国内法に反していないかを検証する。具体的には，憲法38条および39条の規定に基づき，すべての政府提出法律案，オルドナンス案，国務院の議を経たデクレについては，予め国務院に付託される必要がある。ただし，この場合に出される国務院の意見は，あくまで答申という位置づけであるため，国会や政府に対する拘束力はない。また2008年の憲法改正以降は，議員提出法律案についても，任意で国務院の意見が

求められる。

　他方で，行政裁判所としての国務院にも，他の裁判所にはない特徴がある。すなわち，国務院は，第一審，控訴審および破毀審という３通りの役を付託される事案に応じて演じ分けるからである。まず，各省庁の大臣が出したデクレや行政行為に対する越権訴訟および州議会議員選挙または欧州議会議員選挙に関わる訴訟については，国務院は一審かつ終審として判断をくだす。次に，市町村議会議員選挙および県議会議員選挙に関して行政地方裁判所が下した判決に対する不服申立てについては，国務院が控訴院として判断を行う。最後に，国務院は，破毀審としても機能する。この破毀審たる役割は，行政裁判所として国務院が果たす機能の中で最も重要なものであり，行政控訴院および各種行政例外裁判所の判決に対する破毀申立てを一括して管轄する。

　なお，2008年の憲法改正以降，行政最高裁判所としての国務院は，破毀院と同様に，具体的な訴訟の中で当事者が違憲を主張している場合に，合憲性審査に付すために事案を憲法院に移送するか否かを判断する権限をもつ（憲法61条の１）。

(3)　権限裁判所

　二元的裁判制度をとる以上，避けられない問題としてしばしば指摘される点が，管轄権そのものに疑義が生じた場合の対処である。実際に，事案の中には，司法裁判所の管轄か，あるいは行政裁判所の管轄かが直ちに判別がつかないものがある。二元的裁判制度をとるフランスでは，こうしたケースについては，まず，いずれの裁判所が管轄権を有するかについて決定しないと，本案審理ができない。このような，管轄する裁判所を決定するために作られたのが権限裁判所（Tribunal des conflits）である。

　最初に権限裁判所を設置する旨を規定したのは，1848年憲法（第二共和制憲法）89条である。引き続き，1849年10月28日の行政立法により具体的に組織化されたが，第二帝政の際にいったん姿を消すことになる。その後，国務院の再編成に関する1872年５月24日の法律により復活した。これまで，何回かの法改正により組織の変更が行われてきたが，最近のものとしては，2015年２月16日の「法と手続の現代化および簡易化」に関する法律が挙げられる。同法の施行により，

その複雑さゆえに判決が出るまでかなり時間がかかっていた権限争議の手続が大幅に簡素化された。現在，権限裁判所は，パリのパレ・ロワイヤルに1か所設置されている。

① **権限争議**　数字の面だけ見ると，権限争議が発生することはそう多くなく，実際に権限裁判所がくだす判決の数は年間約40件程度である。ただし，いったん権限争議が発生すれば，当事者はそもそも裁判を始めることができないというきわめて困難な状況におかれるから，権限争議を解決する重要性は現在も否定されていない。この権限争議には，以下に示す通り，2つの類型がある。

第1の類型は，積極的争議（conflit positif）と呼ばれ，司法裁判所も行政両裁判所もともに管轄権を主張する場合を指す。もっとも，権限裁判所がかかわるのは，原告が司法裁判所に訴えた場合に行政側が行政裁判所の介入を希望するケースに限定され，逆のパターンはない。原告が誤って行政裁判所へ訴えた場合は，司法裁判所がこれについて権限裁判所へ不服を申し立てることはできず，行政裁判所が本案審理に先立ち自らに管轄権があるか否かを判断するからである。原告が司法裁判所に訴えを提起し，行政庁が司法裁判所の管轄を不服とする場合は，知事に対して，司法裁判所に「管轄権の否定（déclinatoire de compétence)」を出すように要請が出される。知事は，この「管轄権の否定」の中で，行政裁判所に管轄権があると考えられる理由を示す。これをうけて，司法裁判所は，知事から出された「管轄権の否定」を受け入れるかどうかを判断する。当該司法裁判所が受け入れないと判断した場合には，今度は，知事は「権限争議のアレテ」を権限裁判所に提起することができる。その結果，権限裁判所がこの「権限争議のアレテ」を認めた場合には，訴訟は司法裁判所ではなく，行政裁判所で行われることになる（積極的権限争議の終了)。

第2の類型は，消極的争議（conflit négatif）（移送による争議（conflit sur renvoi）とも呼ばれる）である。積極的争議とは反対に，司法裁判所と行政裁判所がともに自らの管轄権を否定するケースがこれにあたる。かつては，両裁判所から管轄権を否定された原告は，権限裁判所にあらためて管轄権決定のための訴訟を提起しなければならず手続が複雑で訴訟の長期化の原因となっていた。そこで，1960年のデクレにより手続が簡素化され，2番目に提訴を受けた裁判所が

（自らにも管轄権がないと主張する場合は）権限裁判所へ事件を移送することになった。これを受け，権限裁判所はいずれの裁判所に管轄権があるかを判断し，権限裁判所が直接に管轄権を認める裁判所へ事案を移送する。さらに，2015年の改正により，最初に訴えを受理した裁判所が（自らの管轄権に疑問を抱く場合には）直接に権限裁判所に事案を移送できるようになったため，原告の負担は大幅に軽減したといえる。

② **実体的判断**　1932年4月20日の法律により，権限裁判所は，例外的に実体的判断も行うことができる旨が定められている。具体的には，同一事件について，司法・行政両裁判所の間で判断に相違が見られる（判決争議（conflit de décisions）の）場合に，権限裁判所自らが実体的判断をくだす。

また，2015年の改革により，ヨーロッパ人権条約6条1項に基づいて保障される「合理的な期間」を超えて訴訟期間が長引いた結果，当事者に損害が発生した場合にも権限裁判所は介入できるようになった。すなわち，当事者が被った損害の原因が，二元的裁判制度に起因する訴訟期間の長期化にある場合，権限裁判所が賠償額を決定することになる。

3　憲法院

憲法院は，司法裁判所にも行政裁判所にも属さない，特別な裁判所の一つである。単なる合憲性審査機関にとどまらず，それ以外にも複数の任務を担っている。

(1)　概要

① **成立過程**　現行の憲法院は，1958年憲法で初めて創設された憲法裁判所である。前身としては，1946年憲法91条による「憲法委員会（Comité constitutionnel）」が挙げられる。しかし，この憲法委員会は，法律の憲法との適合性を審査するための機関として設置はされたものの，適合しない場合には，法律に合わせて憲法を改正することが前提とされていたため（1946年憲法91条3項），真の合憲性審査機関であるとは考えられていなかった。

1958年憲法制定時には，このような消極的な合憲性判断とは異なる制度の構

築が目指され，憲法院という名称が初めて用いられるとともに，憲法院に関わる規定が第7章にすべてまとめられる，という形がとられた。具体的には，58条から61条までの規定により，合憲性審査を含む複数の役割が憲法院に付与された。とりわけ，61条は，フランス憲法史上初めて，公布前の法律の合憲性審査を行う権限を憲法院に認めた点で画期的であったといえる。

　ただし，この事前の合憲性審査に関しては注意すべき点がある。実は，61条の規定が存在していたにもかかわらず，1958年憲法制定時から1974年の憲法改正までの間は，憲法院が実質的な合憲性審査を行うことはほとんどなかった。このことは，当初，提訴権者が，大統領，首相および両院議長に限られていたことに起因している（旧54条および旧61条2項）。大抵の場合，これら三者は政治的に多数派に属しているため，議会の多数派が可決した法律について敢えて違憲の訴えを提起することはなく，その結果として，憲法院は，憲法適合性審査機関としてはほとんど機能しないという時期が続いた。言い換えると，1958年憲法制定当初の憲法院は，もっぱら憲法58条，59条，60条に基づき選挙や国民投票に関わる審査を行ったり，37条2項に基づく法律事項と命令事項の判別を行ったりする機関として機能していたため，人権擁護機関としての憲法裁判所としては位置づけられていなかったといえるのである。

　こうした状況を改善すべく行われたのが，1974年10月29日の憲法改正であった。この改正は，60名以上の元老院議員または国民議会議員にも，憲法院への提訴権を付与するというものである。この新たな変更がもつ意味は極めて大きい。というのも，これまで議会で法案の可決を阻止できなかった野党あるいは少数派が，1974年の改正以降は，憲法院への違憲の訴えを通して，場合によっては当該法案の公布を阻止することが可能となったからである。これにより，憲法院への違憲の提訴は増加し，人権擁護機関としての憲法院の役割が重視されるようになった。

　さらに，2008年7月の憲法改正によって事後の合憲性審査が創設されたことにより，すでに公布・適用されている法律も，憲法院による合憲性審査の対象に含まれることになった。こうして，憲法院は，名実ともに真の憲法裁判所として機能するようになったのである。

　② **構成および権限**　　憲法院は9名の判事から構成されている。判事の任

期は 9 年であり，再任は認められない。3 年ごとに 3 名を改選することによって，業務の継続性を確保している。なお，9 人の判事に加えて，歴代大統領にも終身判事という地位が与えられる。9 名の判事は，大統領，元老院議長および国民議会議長からそれぞれ指名されるが，2008 年 7 月の憲法改正以降，この判事の指名の際には，各議院の委員会による答申が出されるようになった。なお，憲法院の判事は，政府，経済社会環境評議会あるいは権利擁護官の構成員とは兼任することができない。加えて，あらゆる種類の選挙で選ばれる職とも兼任は認められない。

憲法院の機能はすべて憲法によって定められ，さらにそれを組織法律が補完している。具体的な機能としては，条約の合憲性審査（54条），大統領選挙の適法性審査（58条），国民議会議員選挙および元老院議員選挙の適法性審査（59条），国民投票の適法性審査（60条），事前の合憲性審査（61条），事後の合憲性審査（61条の 1）が挙げられる。このほかにも，たとえば，非常事態権限に基づき実施される大統領の措置に関して意見（avis）を出す（16条 6 項）など，裁判所以外の機能もいくつか果たしている。紙幅の都合上，ここでは，裁判所としての憲法院という側面に限定して憲法院の果たす機能を検討する。具体的には，事前および事後の合憲性審査が，憲法院がくだす判決においては量・質の両側面においてきわめて重要であるため，以下ではこれらに焦点を当てて解説する。

(2) 合憲性審査

前述のように，1958 年憲法制定当時は 61 条に基づく事前の合憲性審査のみが制度化されていたが，2008 年の憲法改正により事後の合憲性審査が導入されたことにより，合憲性審査の数は飛躍的に増え，近年，憲法院の人権擁護機関たる性質はますます強まっているといえる。

① 事前の合憲性審査（61条）　憲法院における事前の合憲性審査が対象とするのは，議会で可決され，審署・公布される前の法律である。憲法上，議会で定められる法律にはいくつかの種類があるが，そのうち，組織法律および上下院の規則については，事前の合憲性審査は義務的に行われる。他方で，通常法律に関しては，提訴権者（大統領，首相，上下院議長，60 名以上の上院議員ま

たは60名以上の下院議員）からの提訴があった場合に限り、合憲性審査の対象となる。なお、これらの提訴権者は、当該法案が議会で可決されてから15日以内に憲法院に提訴しなければならない。

　提訴を受けた憲法院は、原則として、1か月以内に判断をくだす。例外的に、政府が緊急である旨を宣言した場合は、この期間が1週間に短縮される。

　憲法院の判断は、基本的には、合憲、一部違憲あるいは全部違憲のいずれかの結論が示される形で出される（このほかに、例外的に、不受理（irrecevabilité）や却下（rejet）といった判断がくだされる場合がある）。なお、特定の解釈あるいは適用をする場合に限って当該法律の合憲を認めるとする留保付き解釈（réserve d'interprétation）が付されることもある。いずれにせよ、これらの判断結果によって、審査対象となった法律は全部または一部の効力が否定されるが、具体的には次のようになる。

　まず、合憲と判断されれば、当該法律は大統領による審署の手続にまわされ、その後、官報に掲載されて公布となる。他方で、違憲と判断された場合には注意が必要である。憲法院が、付託された法律のうち、一部のみを違憲であると判断した場合、この部分は当然に公布されない。問題は、残りの部分の効力である。一方で、憲法院が、違憲と判断した部分が法律全体と切り離せない密接な関係にあると判断する場合には当該法律全体が公布できなくなる。他方で、違憲な部分が当該法律の他の部分から切り離せる場合には、その違憲な部分を除いて公布することが可能である。ただし、審署する大統領が、違憲な部分を含めてあらためて法律全体を検討し直すように、議会に差し戻すこともできる。

　②　**事後の合憲性審査**（61条の1）　　事後の合憲性審査は、2008年7月23日の憲法改正により新設されたものである。（重罪院を除く）あらゆる通常裁判所に提起された訴訟の中で、当事者が、手続または本案審理に適用される法律（組織法律、オルドナンスを含むが、国民投票法律、条約の批准のための法律は除外される）が違憲であると主張した場合に行われる事後審査である。正確にいえば、普通法裁判所の裁判の中で提起された合憲性についての先決問題（question prioritaire de constitutionnalité：QPC）を憲法院が解決するための手続ということになる。

　QPC は複数の手続を経て憲法院へと送られる。まず、訴訟の中で当事者が

適用される法律の合憲性に疑いがあることを主張する。すると，当該訴訟を管轄する裁判所が，第1に，違憲が主張されている法律が，以前の憲法院の判決（事前あるいは事後の合憲性審査のいずれか）において合憲であると判断されていないこと，第2に，提起されている問題が重大な性質を有することという2つの条件を満たすものであるかを審査する。これらの条件を満たすと判断されると，当該裁判所から国務院または破毀院へと事案が移送され，そこで再度，憲法院への移送の必要性について審査が行われる。なお，憲法院への事案の移送の適否に関わる国務院または破毀院の判断は，当該事案が付託されてから3か月以内にくだされなければならない。もし，この3か月が経過しても国務院または破毀院が判断をしない場合は，事案は自動的に憲法院に移送される。

　憲法院は，事案が国務院または破毀院から移送されてきてから3か月以内に判断を下す。この間，訴訟当事者は書面にて主張を提出でき，公開の法廷での弁論に参加できる。なお，憲法院から回答を得るまで，原則として，通常裁判所での訴訟手続は中断される。

　付託された法律の中で具体的に憲法院によって違憲であると判断された箇所については，あらためて国会での審議を経ることなく，当該判決公表後に自動的に無効となる（62条2項）。ただし，新たに立法をする必要性がある場合には，憲法院が一定の期間経過後に無効となる旨の判断をくだすことも可能である。これまでの実践を見る限り，QPCの手続を通じて違憲であると判断された法律は決して多いわけではない。しかし，少なくとも，憲法院の違憲判決によって古い制度が改められ，フランス法の現代化が進められていると評価することは可能であろう。なお，QPCがきっかけで改正された重要な制度としては，警察留置（garde à vue）や精神疾患の患者の強制入院措置などが挙げられる。

　③　**合憲性ブロック**　　事前であれ，事後であれ，憲法院によって行われる合憲性審査において，準拠規範として使われる憲法的価値を有する規範の総体を合憲性ブロック（bloc de constitutionnalité）と呼ぶ。通常であれば，法律の合憲性審査といえば，当該法律が現行憲法の規定に合致しているか否かを判断する審査を意味するが，フランスの現行の憲法典には，人権に関わる規定がほとんど含まれていないため，憲法本体の条文だけでは十分な合憲性審査を行うことはできない。そこで，憲法院は，判例を通じて他の規範にも憲法的な価値を

認めることで，合憲性審査における準拠規範を拡大してきた（この点に関して，最も重要な判決は，1971年7月16日の憲法院判決（71-44DC）である）。

　具体的に合憲性ブロックに含まれる法文は次の通りである。第1に，1958年憲法本文そのものが挙げられる。ただし，人権に関わる規定としては，法の前の平等（1条），男女平等（同条），選挙の普通・平等・秘密（3条），政党の自由（4条），恣意的な身体拘束の禁止（66条）および地方自治（72条）が列挙できるにとどまる。

　合憲性ブロックの第2の構成要素としては，1958年憲法前文が言及する法文である。具体的には，1789年人権宣言，1946年憲法前文および2004年環境憲章が前文に列挙されている。1789年人権宣言では，個人の自由，法の下の平等，刑事罰の不遡及，所有権の不可侵など，古典的自由と呼ばれる人権が保障されている。他方で，1946年憲法前文は，ストライキ権，組合権あるいは健康を保護される権利など，いわゆる社会権と呼ばれる諸権利を保障するものである。2004年環境憲章は，「均衡がとれ，かつ健康が尊重される環境の中で生きる権利」を保障するとともに，環境保全と改善に関与すべき義務など，持続可能な社会の成立を目指して国民が環境に関して果たさなければならない義務についても言及している。

　合憲性ブロックの第3の要素は，上述の1946年憲法前文が言及する「共和国の諸法律によって承認された基本的諸原理（principes fondamentaux reconnus par les lois de la République：PFRLR）」である。PFRLRはフランス法独自の概念であり，明確なリストがあるわけではないので，やや抽象的な性質を有する。これまでの憲法院の判例によれば，ここでいう，「共和国の諸法律」とは，「1946年憲法前文が施行される前に制定された共和国の立法」を指し，導き出される諸原理は，共和国の伝統と不可分なものでなければならない（1988年7月20日の憲法院判決）。たとえば，これまでの判例では，結社の自由，教育の自由，大学教授の独立，防禦権の保障などがPFRLRであると認められている。

4　おわりに

　フランスの裁判組織は，二元的裁判制度をとることから，わが国のそれと比

べてきわめて複雑である。また，淵源を遡ると，フランス革命期あるいはそれ以前から存在している機関に辿り着くことも多く，歴史と伝統が長い。その分，現代的な問題に迅速に対応できなくなっているという批判もあり，実際に何度も改革が実施されている。とりわけ近年になって頻繁に行われている組織改革の動向を踏まえた上で，今後も，フランスの司法組織に固有な特徴をさらに分析する必要がある。

フランスの法曹──裁判官，検察官，弁護士の養成

　フランスでは，裁判官および検察官をまとめて司法官（magistrat）と呼ぶ。常に着席して判決を言い渡す裁判官を「裁判官席の司法官（magistrat du siège）」あるいは「着席した司法官（magistrat assis）」，法廷で発言する際には立ち上がる検察官を「検察官席の司法官（magistrat du parquet）」または「起立した司法官（magistrat debout）」と区別することもある。なお，ここでいう裁判官とは，司法裁判所の裁判官を指し，行政裁判所の裁判官は含まれない。裁判官と検察官の職務はそれぞれ異なるが，養成段階ではいずれも国立司法職学院（École nationale de la magistrature：ENM）を経る。ちなみに，同学院に入学するためには，一定の資格要件を満たした上で，筆記試験，口頭試問および語学試験に合格しなければならず，合格率は10％程度の狭き門である。ENMでは，判決文の書き方や法廷での弁論の仕方など実践を学ぶことに重点がおかれており，31か月の在籍期間の約7割は，実際に司法裁判所などに赴き実地研修を積む。ENMでの研修を終え，修了試験に合格すると，裁判官あるいは検察官として採用されることになる。

　これに対して，行政裁判所の裁判官は全く別のルートを経て採用される。一方で，国立公役務学院（Institut national du service public：INSP 2022年1月1日に旧国立行政学院（École Nationale d'Administration：ENA）から改組）の受験資格を有する者，他方で，司法裁判所の裁判官や一定のキャリアをもつ公務員などから，筆記試験や口頭試問の結果により採用する。採用試験には受験回数制限が課されており，難易度も高い。

　最後に，弁護士も，司法官とは異なる養成課程を経る。原則として，全国に複数設置されている弁護士職養成学校（centre régional de formation professionnelle d'avocats：CRFPA）を修了し，弁護士職適格証明書（certificat d'aptitude à la profession d'avocat：CAPA）を得る必要がある。現在，フランスでは7万人を超える弁護士が登録されており，2倍の人口を有する日本の弁護士数が4万人強であるのに比べると，弁護士の数は多いように思われるが，EU構成国の中では，イタリア，スペインなどのほうが突出して多い。EU構成国間では，指令に基づき弁護士資格の相互承認が実現されていることから，近年，特にパリ弁護士会では，EU構成国出身の弁護士の登録が増えている。なお，フランスでは，とりわけ第一審司法裁判所が管轄する事件については，その性質に応じて弁護士強制となるか否かが法律で細かく規定されている。また，破毀申立手続の特殊性に鑑み，国務院や破毀院における訴訟については，国務院・破毀院付弁護士のみが代理人となりうる。

　裁判所における組織改革と同様に，法曹およびその他の法律家に関しても，近年，フランスでは大規模な改革が次々と実施されており，変革の動向には注意する必要がある。

第4章

ヨーロッパ法とフランス法

1 はじめに

　近年，社会における国際化が進むにつれ，さまざまな形の国際法規範が増えている。その点では，わが国もフランスも，国内法秩序の形成にあたって常に国際法との関係を考える必要に迫られている。国際法規範が国内法秩序に取り込まれた際に，どこに位置づけられるかという視点から，フランス法秩序における規範の階層を示すとすれば，それは次の図のようになる。

規範の階層

出所：Infographie：La hiérarchie des normes｜Vie publique.fr（vie-publique.fr）をもとに筆者作成

　以上の図に示されているように，フランスの国内法的な視点からは，憲法，国際法（条約），法律，法の一般原理，行政立法の順で法秩序における規範の

優劣関係が決定される。この順番自体はわが国における原則と大きく変わるところはない。注目すべきは，フランスでは，国際法のグループにヨーロッパ法が含められるという点である。厳密には，フランス法では，国際法とヨーロッパ法はしばしば区別して考えられる。というのも，ヨーロッパ法には，一般的な国際法にはない性質が認められるためである。たとえば，全加盟国がその管轄に服する裁判所（EU 裁判所あるいはヨーロッパ人権裁判所）の存在，個人による申立権の容認（ヨーロッパ人権条約の場合），直接効果の原則の適用（EU 法の場合）などといった点が挙げられる。とりわけ，EC/EU 法の規定は，個人が国内裁判所で援用することが可能であり，この点で一般的な国際法とは異なる。そのため，フランスでは国内の訴訟でしばしばヨーロッパ法が援用される。逆にいえば，フランス国内裁判所がくだした判決であっても，ヨーロッパ法の知識なしには理解できないということになる。そこで，本章では，こうしたヨーロッパ法がもつ特徴を踏まえた上で，フランス法におけるヨーロッパ法の位置づけに着目し，両法秩序の関係を整理することにしたい。

なお，本章で扱うのは，あくまでも「フランス法との関わり」という視点から見たヨーロッパ法である。EU 法やヨーロッパ人権条約の全体像についてはそれぞれについて複数の概説書が公刊されているので，詳細はそれらを参照していただきたい。

2　ヨーロッパ法とは何か

そもそも，ヨーロッパ法とは具体的に何を指すのであろうか。一般的には，まずは EU 法が想定されるであろうが，これに加えて，フランスではヨーロッパ人権条約も重要な位置を占めている。両者はそれぞれ異なる法源をもち，フランス法に与える影響も異なる。そこで，ここでは，ヨーロッパ法の構造を，EU 法とヨーロッパ人権条約に区別して検証する。

(1)　EU 法

EU（European Union：仏語では Union européenne）は，その前身である EC（European Community：仏語では Communauté européenne）の時代から独自の法秩

序を築いてきた。EU 法は，各構成国の独自性を尊重しつつも，域内における法の統一を進めるために特殊な法構造を有している。

①　**法源**　EU 法の法源は，まず，成文法と不文法に分類することができる。このうち，構成国の国内法秩序の形成に最も影響を与えているのは前者であり，さらにこれは次に掲げる基本条約と派生法に分けて説明できる。

（ⅰ）基本条約　現在の EU における基本条約の第 1 は，EU 条約（欧州連合条約）である。1992年 2 月 7 日にドイツのマーストリヒトで調印されたことから，別名マーストリヒト条約とも呼ばれ，1993年11月 1 日に発効した。内容としては，EU という超国家組織の大枠を示し，それを支える基本原則等について規定している。第 2 に，EU 運営条約（Traité sur le Fonctionnement de l'Union Européenne）がある。EU の前身である EC は，欧州石炭鉄鋼共同体設立条約（1951年調印，1952年発効），欧州経済共同体設立条約（1957年調印，1958年発効）および欧州原子力共同体設立条約（1957年調印，1958年発効）の三共同体設立条約からなる。上述のマーストリヒト条約によって，欧州経済共同体設立条約が EC 条約へと名称変更され，これがさらに2007年12月13日のリスボン条約（2009年12月 1 日発効）によって改正されて，EU 運営条約となった。先述の EU 条約が主として EU の基本原則を定めているのに対して，EU 運営条約は，その細部（たとえば，EU 市民権，EU が関係する中心的な分野（域内市場，物の自由移動，人，財，サービスの自由移動，農業・水産業，自由と安全と司法領域など）に関わるルールなど）を規定する条約である。第 3 に，EU 基本権憲章が挙げられる。これは，2000年12月 7 日に EU が制定した基本権を保障するための条約である。制定当初は法的拘束力がなかったが，リスボン条約によって，他の EU 基本条約と同じ法的価値をもつことが認められた。なお，EU の構成国は，すべてヨーロッパ人権条約に加盟しているため，同条約と EU 基本権憲章との関係には注意する必要がある。

（ⅱ）派生法　EU 法の特徴の一つに，基本条約を根拠としてここから派生する法規範（派生法（droit dérivé））があることが挙げられる。中でも，EU 運営条約288条が定める，拘束力のある規範（規則，指令，決定）は，構成国の法秩序形成に強い影響を与えている。

　まず，規則（règlement）は，一般的効力をもち，全構成国において，規則に

定められているすべての規定が直接に適用されるという性質をもつ。この直接適用性ゆえに，規則は，各構成国の国内法秩序に組み込まれるにあたって転換措置を必要としない。このように，規則は，すべての構成国に対して等しく効力を発揮することから，EUの中で統一を進めるために最も有効かつ重要な規範である。

　次に，指令（directive）は，達成すべき目標および期限について構成国を拘束するが，目標達成のための手段に関しては構成国の自由な裁量に任せるとする，EUに固有のやや特殊な規範である。規則とは異なり，各構成国による国内法への転換措置（たとえば，法律や行政立法による読み替え）が必要となる。この転換措置を定められた期限までに行わない構成国は，条約上の義務を履行していないとして制裁（条約義務不履行確認訴訟）の対象となる。

　最後に，決定（décision）とは，規則と同様，直接適用可能な規範ではあるが，規則のようにすべての構成国を対象として出されるものではなく，特定の私人（個人および法人を含む）または構成国に対象が限定される点に特徴がある。したがって，規則のような一般的効力はない。

　以上のような拘束力のある複数の派生法を使い分けることによって，EUは，一方で，各締約国の法秩序の独自性を尊重しつつ，他方で，EU域内での法の統一を進めているのである。

　②　**EU法の適用を担保する仕組み**　　EU法の適用が構成国の間で十分に担保されるために，EU法上，さまざまな仕組みが用意されている。中でも，EU裁判所（Cour de justice de l'Union européenne）（正確には，EU裁判所，EU第一審裁判所，その他の特別裁判所が含まれる（EU条約19条1項））が果たす役割が大きい。EU裁判所は，理事会，委員会，欧州議会と並んでEU法の根幹を担う重要な機関の一つであり，ルクセンブルクに設置されている。各構成国から1名ずつ選出された計27人の裁判官と11名の法務官（avocats généraux）から構成されている。

　基本的に，EUの基本諸条約も，その派生法も，一部の拘束力をもたない規範を除き，大半は構成国によって遵守されることが前提となっている。しかし，EUが拡大し，政治的・文化的・社会的背景の異なる構成国が加盟している現状では，EU法が統一的に解釈されない，あるいは画一的に適用されない場合

が想定される。そこで，そうしたケースの発生を未然に防止したり，あるいは発生した場合に的確に対処したりする目的で，EU裁判所が適宜介入できる仕組みが用意されている。EU裁判所は，条約に基づき，さまざまな形態の訴訟を管轄しているが（EU運営条約256条），締約国の法秩序形成に密接に関係するのは，何より先決的判決（先決裁定）訴訟（EU運営条約267条）であるため，以下では，この訴訟形態に限って検討を行う。

　(i)　先決的判決（先決裁定）訴訟　　そもそも，締約国の国内法秩序の中でEU法の適用を監視するのは当該国の国内裁判所の役目である。EU法規範は，一定の条件を満たした場合，私人に直接に権利を付与するから，国内裁判所における訴訟でも当事者は有効な規範として援用することができる。この場合，国内裁判所が当該EU法規範の適用の是非の判断や，その解釈を行う。しかし，すべてのEU法規範の効果や解釈が常に明確であるとは限らない。そのため，構成国の国内裁判所でEU法の効果や解釈が問題となった場合には，必要に応じて，当該国内裁判所は，国内の訴訟手続をいったん中断し，問題となっているEU法の規定についての見解をEU裁判所に求めることができる。これが，先決的判決（先決裁定）制度である。原則として，事案をEU裁判所に移送するかどうかは国内裁判所の裁量に任せられるが，当該裁判所がその構成国内で終審である場合には，移送は義務となる。EU裁判所によってくだされた先決的判決（先決裁定）には拘束力があるため，移送元である構成国の国内裁判所は，国内裁判の手続を再開したのちは，EU裁判所の見解にしたがって最終的な判断を行う。このように，先決的判決（先決裁定）訴訟制度は，ともすればバラバラになりがちな構成国の国内法秩序におけるEU法の適用や解釈が，画一的・統一的に行われるために不可欠な制度である。

　(ii)　判例法によって確立された基本原則　　EU法が，いずれの構成国の国内法秩序でも画一的に適用されるために，これまでEC/EU裁判所の判例を通じていくつかの原則が導き出されてきた。ここでは，その中でも最も重要で，かつ構成国の国内法秩序に直接に影響を与える，EU法の優位性の原則およびEU法の直接効果の原則を取り上げる。

　㋐　優位性　　第1の原則は，EU法の優位性である。これは，EU法規範と国内法規範が抵触する場合に，前者が後者に優位して適用されるとするルー

ルを指す。優位性の原則は，1964年7月15日のCosta 対 E.N.E.L. 事件判決によって確立された。これは，イタリアで民間電力会社を国有化するために制定された1962年法が，EEC 条約（当時）のいくつかの条文（たとえば37条の国家独占の禁止）に反するとして，国有化された民間電力会社の株主であったコスタ氏がミラノ治安判事裁判所に訴えた事件に端を発している。ミラノ治安判事裁判所はEEC 条約の適用と解釈について疑義があるとして先決的判決（先決裁定）訴訟の手続をとることを決め，EC 裁判所（当時）へ事案を移送した。これを受けてEC 裁判所（当時）は，次のように判断した。まず，一般的な国際法とは異なり，EEC 条約（当時）は，構成国の法秩序に統合されるヨーロッパ法秩序を形成している。次に，EEC の設立と同時に，構成国は自らの主権を制限し，構成国およびその国民を拘束する法制度を作り出した。したがって，構成国はEC 法（当時）に反する国内法を制定することはできず，かりにそのような国内法が作られたとしてもEC 法（当時）が優位する。このようにして，判例を通じて優位性の原則が打ち立てられたのである。

　このあと，優位性の原則は，基本条約には明記されることはなかったものの，EU 裁判所によって判例の中で繰り返し確認されている。加えて，優位性の原則の付随的効果として，ⓐEU 法が適用される範囲では，構成国は，国内法の適用・解釈をEU 法に適合するように行う義務を負う，ⓑこの義務に反する（たとえば，EU 法に適合するように国内法を適用しない）場合には，EU 運営条約258条（委員会による条約義務不履行確認訴訟の提起）の対象となる，ⓒ直接効果があるEU 法規範は抵触する国内法規範に優位して直接に適用される，ⓓEU 法規範の適用を妨げる国内法は，それがたとえ後法であっても排除されるといった点が明示されている。

　⑦　直接効果　　直接効果（effet direct）は，一定の条件を満たすEU 法規範は，構成国に対する義務のみならず，個人に対して権利も付与するから，個人は国内裁判所でEU 法上の権利を有効に援用できる，とする原則である。1963年2月5日のvan Gend & Loos 対オランダ国税局事件判決により確立された。この事案では，オランダの民間企業ファン・ヘント・エン・ロース社が，国内法による新たな関税を禁止するEEC 条約の規定（12条（当時））を援用して，課税の妥当性を主張する当該構成国内の関税局に対抗しうるか（つまり，自身

のEC法（当時）上の権利を主張できるか）という点が争われた。EC裁判所（当時）は，先決的判決（先決裁定）の中で，「共同体は（国際法上に）新たな法秩序を形成し，そこでは，構成国は，一定の範囲で，構成国およびその国民の主体的権利を制限する。……共同体法は個人に義務を課し，権利を創設する……」と判断し，EC法（当時）の直接効果を容認した。ただし，直接効果が認められるのは，当該EC法規定が「明確かつ無条件で即時適用可能な場合」に限られる。

その後のEC/EU裁判所の判例の積み重ねにより，直接効果は，基本条約の規定のみならず，派生法（規則や指令など）にも適用されることが明確にされた。具体的に，どの条文や派生法の規定に直接効果があるかについては基本条約に明文の規定はないため，EU裁判所による判断が必要になる。

以上のように，EU法は，抵触する構成国の国内法に優位して適用され，かつ一定の条件下で直接に個人に対して義務を課し，権利を創設することから，特殊な性質をもった超国家法であると理解されている。

(2) ヨーロッパ人権条約

ヨーロッパ評議会（Conseil de l'Europe）は，1949年5月5日にロンドンで採択された規約にしたがって設立された国際機関である（EUの基本的な政策方針を決定する欧州理事会（Conseil européen）とは全く異なる機関である）。現在，加盟国は46か国にのぼり，日本もオブザーバーとして参加している（なお，EUの構成国はすべて加盟している）。このヨーロッパ評議会が初めて作成・成立させた条約が，ヨーロッパ人権条約（正式名称「人権と基本的自由の保護のためのヨーロッパ条約」（以下，人権条約という））である。人権条約は，1950年11月4日に調印され，1953年9月3日に発効した。世界人権宣言に謳われている権利のいくつかに，初めて法的拘束力をもたせた条約として大きな意義があると考えられている。

① **法源**　現在の人権条約の構造は，1条から59条までからなる条約本体に加えて，これまで採択された1952年附属議定書，第4，6，7，12，13，16議定書によって成り立っている。条約本体も，複数回の改正を経て変更が施されてきた。人権条約が保障する代表的な権利として，生命権（2条），拷問禁

止（3条），自由と安全に対する権利（5条），公正な裁判を受ける権利（6条），私生活および家族生活を尊重される権利（8条）などが挙げられる。特に，6条と8条については，次に述べるヨーロッパ人権裁判所(以下，人権裁判所という)によって数多くの判決が出されており，相当な量の判例法が形成されている。

　人権条約の規定は，各締約国の国内法秩序の中で直接適用される（人権条約1条）。締約国は，すべての国民に対して，人権条約によって保障されている自由と権利を認める必要がある。言い換えれば，人権条約が保障する権利の主体は，締約国ではなく，各国に属する個人である。このように，人権条約の規定には直接適用可能性（＝自動執行性）があるため，あらゆる個人は，国内裁判所で人権条約を援用することが可能である。

　②　**適用を担保する仕組み**　　人権条約の実効性を担保する制度として重要な地位を占めているのが，ヨーロッパ人権裁判所である。人権条約19条により設置された裁判所であるが，しばしば，EU裁判所と混同されることが多いため，ここではその違いに留意しつつ，概要を示しておきたい。

　人権裁判所は，フランス東部のストラスブールに設置されている常設裁判所である。締約国の数と同数の裁判官から構成され，裁判官の任期は9年（再任不可）である。人権裁判所の最大の特徴は，その管轄にある。すなわち，人権裁判所は，締約国間で発生した争い（人権条約33条）に加えて，個人（自然人，非政府組織および団体）による申立てに基づく訴訟も管轄する（人権条約34条）。たとえば，国連の国際司法裁判所に代表される通常の国際裁判所は，国家の争いのみを扱い，個人からの申立てを受け付けない。人権裁判所の特徴はまさに，個人からの申立てを受け付けること，かつ，この形の訴訟が人権裁判所を通じた判例法形成に多大な影響を与えていることにある。人権裁判所に個人が申立てを行う際には，国内救済原則が適用される。すなわち，個人は，まずは国内裁判で問題解決を目指し，終審まで争っても自身の権利が救済されなかった場合に限り，当該終審判決の日から4か月以内であれば人権裁判所に申立てることができる（人権条約35条）。

　こうした申立てを受けて，人権裁判所は条約違反が認められるかどうかについて判断をくだすが，その際には，補完性の原則（principe de subsidiarité）が適用される。これは，人権裁判所は国内裁判所に代わって判断をくだす機関で

はないということを意味する。つまり，あくまで第一義的に人権条約を適用するのは，国内裁判所の役割であり，これが適切に行われないときに限り，最終段階で人権裁判所が介入できる。また，人権条約上，一定の義務が締約国に課される場合であっても，締約国には「評価の余地（marge d'appréciation）」，つまり裁量の余地が認められる。この場合，人権裁判所は，当事国が「評価の余地」を逸脱しているかどうかを比例原則に基づいて判断できるにとどまる。このように，制度的には，まずは締約国の側が人権条約による権利の保障の責任を負い，これを人権裁判所が監視するという形が前提となっている。

　ただし，現実には，人権裁判所の判決が，締約国の国内法秩序に与える影響はきわめて大きい。確かに，条約の文言に限ってみれば，人権裁判所が行うことができるのは，条約違反について宣言するにとどまると解釈できる（人権条約41条）。言い換えれば，人権裁判所の任務は，条約違反を確認することであって，具体的な締約国による人権条約違反の行為を無効とすることではない。したがって，条約に反する状況を，条約に合致するように修正するのは締約国の務め，つまり締約国次第ということになる。しかし，人権裁判所の判決は訴訟の当事国にとって実質的には大きな意味をもつ。その根拠として，第1に，人権条約違反を宣告された締約国は，場合によって，当事者に対する賠償の責任を負うことが挙げられる。つまり，条約に基づき保障されている権利が侵害された結果，損害を被った個人に対して，国内法が部分的な補償しか認めていない場合には，「公正な満足」という形で国家が賠償する責任を負うのである（人権条約41条）。第2に，条約違反を宣告された締約国は，当該違反による国内法秩序における影響を小さくする義務を負う。言い換えれば，類似の訴訟が起こらないように最大限の配慮をする必要があるということである。これは，大抵の場合，国内法の改廃によって実現されることになるため，人権裁判所の判決が締約国の国内法秩序の形成に与える影響はきわめて大きい。

　さらに，人権裁判所の判決の執行状況については，ヨーロッパ評議会の執行機関である閣僚委員会（Comité des ministres）による監視の対象となる。閣僚委員会は，人権裁判所によって違反判決をくだされた締約国に対して，個別に聞き取りを行い，当該判決後に，具体的に国としてどのような対応を行ったのかを詳細に調査する。さらに，この調査結果は，定期的に報告書に掲載され，

公表される。このため，他の締約国も，同様の訴訟が（個人から）提起されないように自国法の見直しを実施することが多い。

3 フランス法秩序におけるヨーロッパ法の受容

　前節で示したように，EU あるいはヨーロッパ評議会（ヨーロッパ人権条約）の側から見れば，各々が形成する超国家的法秩序が構成国または締約国の国内法秩序で受容され，法規範として適用されるようにさまざまな制度が構築され，また諸原則が打ち立てられてきたといえる。しかし，これらの制度や原則が真に実現されているかどうかは，構成国の側からも検討しなければ明らかにはならない。そこで，本節では，フランスはこれらのヨーロッパ法をどのように受容してきたのかという視点から，フランス法とヨーロッパ法の関係を検証することにしたい。

(1) 規範の競合と調整：条約適合性審査の実施
　フランス国内法秩序で，ヨーロッパ法が問題となる場合とは，具体的には，当該ヨーロッパ法の規定がフランス憲法と抵触する場合と，法律と抵触する場合とに分けられる。これまで，フランスでは，特に EC/EU 法が国内法と衝突するケースが問題視されてきたが，その解決にあたっては国内裁判所の判例が多大な貢献をなしてきた。

　① 憲法と EC/EU 法の抵触　　原則として，フランス国内法秩序では，憲法はあらゆる条約に優位する。これは，憲法54条により，憲法に抵触する条約については，憲法を改正しない限り批准することは認められないとされているからである。この原則は，EC/EU 法の場合にも適用されるから，憲法と相容れない EC/EU 法の条約は，憲法を改正しない限り批准することができない。実際に，マーストリヒト条約，アムステルダム条約およびリスボン条約に関しては，憲法院が，それぞれの条約の中にフランスの憲法に抵触する規範が含まれていると判断したことから（1992年4月9日判決，1997年12月31日判決，2007年12月20日判決），各々の条約に適合するよう憲法改正が行われた上で批准されている（1992年6月25日の改正，1999年1月25日の改正および2008年2月4日の改正）。

これに対して，基本条約から派生した EC/EU 法規範（派生法）の場合は，若干注意が必要である。特に，派生法の中でも指令は，先述の通り，締約国で効力を発揮するためには何らかの国内法規範による転換措置が必要となるため，これが法律によって行われた場合に憲法との適合性の問題が惹起される場合がある。憲法院は，基本的には，合憲性審査を行う必要性は認めつつも，2つの留保条件を提示している。すなわち，憲法院が違憲であると判断できるのは，審査対象となっている指令の転換のための法律が，「フランスの憲法的アイデンティティに固有な原理あるいはルールに反する」場合，および「転換しようとしている指令と明らかに相容れない場合」に限られる（2006年7月27日判決）。

　② **法律と EC/EU 法の抵触**　　一般的に，フランス法秩序における国際法規範の効力については，憲法55条の規定に基づいて判断される。すなわち，「適法に批准された条約あるいは協定は，その公布の時点から，それぞれにつき，他方当事者（国）によって適用されることを条件として，法律に優位する効力を有する」。ここから，フランス国内法秩序における，法律に対する条約優位の原則が導き出される。一見すると，このルールの適用によりすべての問題が解決されるように思えるが，この原則が実際に有効に適用されるためには，いずれかの国内裁判所が，国内法が条約に反しないかどうかを具体的に判断する審査，すなわち条約適合性審査を担う必要がある。しかし，フランスの国内裁判所は，長い間，この審査を行うことを拒んできた。とりわけ，抵触する国内法が，条約に比して後法である場合には，後法優位原則との関係で微妙な問題を惹起する。この点に関して，まず国務院が，1968年3月1日の Semoules 判決の中で，国内後法の条約適合性審査は憲法55条違反について判断する合憲性審査にあたるから，憲法院の管轄であるとして自らの管轄権を否定した。ところが，これに対して憲法院は，1975年1月15日の中絶法に関する判決で，自身には憲法61条に基づく法律の憲法適合性審査権限はあるとしても，憲法55条に関わる法律の条約適合性審査を行う権限はないと明言した。見方を変えれば，この判決により，憲法院は，国務院の見解とは異なり，条約適合性審査は通常裁判所が行うべきものであると暗示したとも解釈できる。

　このような憲法院の見解に対して，破毀院は1975年5月24日の Jacques

Vabre 判決でいち早く反応した。この事案は，フランスの貿易会社 Vabre 社が，フランス国内で販売する目的でオランダからインスタントコーヒーを輸入した際，フランス関税局によって，フランスの税法の規定に基づき内国消費税を課されたことが，EEC 条約95条（当時）（国内商品への課税率を超える課税を禁止する規定）に違反しているかどうかが問題となったケースである。EEC 条約違反を主張する Jacques Vabre 社に対して，フランスの関税局は，後法優位の原則の適用により，1957年に成立した同条約よりものちに制定されたフランス関税法が適用されるから課税率は適法であったと主張した。まさに，EC 法が国内後法の規定に優位するかが争われた事案であったといえる。判決の中で，破毀院は，自らに国内法の EC 法（当時）との適合性審査を行う権限があることを認めた上で，国内法（フランス関税法）に対する EC 法（EEC 条約（当時））の優位性を容認する判断をくだした。

　ところが，こうした破毀院の動きとは対照的に，行政裁判所は，Jacques Vabre 判決以降もすぐには自らの条約適合性審査権を認める判断をくださなかった。たとえば，1985年 2 月 8 日の判決で国務院は，自らに国内後法と EEC 条約との適合性審査の権限がない旨を明確に述べている。そのため，司法裁判所と行政裁判所の間で，条約適合性審査の管轄権をめぐって見解が対立するという状態が継続することになる。

　行政裁判所の態度に変化が見られるようになったのは，1989年10月20日に国務院がくだした Nicolo 判決である。この事案で，原告は，1977年 7 月 7 日の欧州議会議員選挙に関する法律（国内法）に則って行われた欧州議会議員選挙に海外県在住のフランス人が参加したことは，ヨーロッパ内の領土に限って適用されるべき EEC 条約（当時）に照らして，違法であると主張した。これに対して，国務院は，自らに条約適合性審査権があることを認めた上で，係争中の国内後法は EEC 条約（当時）に適合していると判断した。この判決により，国務院は，Semoules 判決以降維持し続けてきた，条約適合審査権限の否定という立場を変更したのである。その後も複数の判決の中で，国務院は，条約の法律に対する優位性を確認する審査は自らの管轄であることを明確に判示している（たとえば，2005年 1 月 5 日の判決など）。

　以上より，フランス国内法秩序では，@ EC/EU 法を含む条約と法律の適合

性審査を行うのは通常裁判所（司法裁判所および行政裁判所）であること，ⓑ
EC/EU法と相反する国内後法との抵触に関しては，前者が後者に優位して適
用されることが明らかになったといえる。

(2) 国内法秩序の形成過程における受容：人権裁判所の判決の影響

　近年，フランスにおける国内法秩序の形成過程に対して，最も大きな影響を
与えているのはヨーロッパ人権条約である。

　先述の通り，人権条約自体は1950年に調印されているが，フランスがこの条
約を批准したのはそれから20年以上が経過した，1973年12月31日の法律によっ
てであった。これ以降，フランス法の中で人権条約は常に重要な位置を占めて
いる。特に，人権裁判所の判例から受ける影響は看過できない。人権裁判所に
は，一定の条件を満たせば，個人が直接に申立てることができる点は先に述べ
た通りであるが，こうした申立ての中にフランスが被申立国となって争われる
事件が認められるからである（ただし，フランスが被申立国となっている事案の数は，
相対的にいえば締約国の中では多いほうではなく，かつ近年は減少傾向にある。実際に
は，人権裁判所への申立てのうち半分以上は，ロシア，トルコおよびウクライナに関わ
る事案が占めている。なお，ロシアは2022年3月にヨーロッパ評議会から離脱している）。
ちなみに，フランスが，人権裁判所に対する個人の申立権を認めたのは1981年
10月になってからである（なお，1998年11月1日に発効した第11議定書により，現在
は，すべての締約国に個人の申立てを認めることが義務づけられている）。

　フランスに対する人権裁判所からの条約違反の宣告は，件数の面から見ると，
圧倒的に同条約6条（公正な裁判を受ける権利を保障する規定）に関係するケース
が多い。たとえば，フランスは1990年代から，司法裁判所あるいは行政裁判所
で争われている事件の審理期間が，同条約6条1項が想定する「合理的な期間」
を超過しているとして，繰り返し条約違反を宣告されてきた。このように，人
権裁判所から違反宣告を受けるということは，条約上保障されている個人の権
利がフランス国内法によって侵害されていることが認定されたという重大な事
態であるから，これには早急に対処する必要がある。その一環として，フラン
スは，近年，法改正を行うことで個人に対する救済策を強化してきた。たとえ
ば，人権裁判所がフランスに条約違反を宣告した場合には，刑事事件の確定判

決については再審の対象となり（刑事訴訟法典622-1条），民事事件のうち人の身分に関する確定判決も再審の対象となる（司法組織法典 L.452-1条）。特に，後者は，2016年11月18日の21世紀の司法の現代化のための法律に基づき創設された制度であり（詳細は，第1部第3章参照），人権裁判所の判決の日から1年以内に提訴すれば再審が認められることになっている。

なお，フランスでは，人権裁判所による条約違反の宣告は，それが直接にフランスに対してくだされた場合はもとより，他国に対するものであっても，「類似する国内法規定を有する締約国に対しても効力を発揮する」（2011年4月15日破毀院判決）と解されているため，人権条約が国内法秩序の形成の際に重視される傾向はますます強まっている。

人権裁判所の判決が国内法の形成に関わる典型的な例として，第1に，人権裁判所の違反宣告を受けて，国内裁判所が判例を変更する場合が挙げられる。海外で代理母から生まれた子とフランス人の依頼者夫婦との親子関係に関して，当該国の裁判所が発行した証明書がフランス国内では有効と認められなかったことについて，人権裁判所は，人権条約8条が保障する子のアイデンティティに対する権利が侵害されたとして，フランスに条約違反を宣告した（2014年6月26日 Mennesson 対フランス事件判決）。これを受けて，破毀院は，そののちに判例を変更し，人権条約8条および民法47条などを根拠として，海外の代理出産で生まれた子の親子関係につき，当該国の裁判所の決定に基づいて作成された証明書の，フランス国内の身分簿への転記を認める判決をくだしている（たとえば，2017年7月5日の破毀院判決。ただし，海外の代理出産で生まれた子の法的身分については2021年の生命倫理法改正により立法上の対応が実現されるに至ったため注意が必要である。詳細については，第2部第5章参照のこと）。

また，人権裁判所の条約違反宣告は，フランス国内で，立法者が法改正に着手する契機にもなる。たとえば，フランスの国内法の規定により所有する土地を強制的に狩猟の場とすることを承認させられたことは，人権条約附属議定書1条が保障する財産権をはじめとする複数の条約上の権利を侵害しているとして，複数の土地の所有者が訴えた事案で，人権裁判所は，申立人らの主張を認め，フランスに対して条約違反を宣告した（1999年4月29日の Chassagnou 他対フランス事件判決）。この判決ののち，フランスは，人権条約に適合するよう狩猟

に関する法律を改正している（2000年7月26日の法律（Voynet法））。また，人権裁判所は，2000年2月1日のMazurek対フランス事件判決の中で，嫡出子と非嫡出子の間で相続権の割合に差を設けていたフランス民法の規定（760条（当時））が人権条約8条および14条が保障する権利を侵害しているとしてフランスに条約違反を宣告した。これを受けてフランスは，2001年12月3日の法律を制定し，民法の当該条文を相続においては嫡出子と非嫡出子を区別しないとする内容に変更して，人権条約違反の状態を修正するに至っている。

4 おわりに

EUからイギリスが離脱したことによって，フランスは，EUにおける統合のけん引役としての役割を果たすことを，ますます期待されていると考えられる。他方で，ヨーロッパ評議会の中でも，人権裁判所がストラスブールに設置されていることもあり，近年，フランスは積極的に締約国に働きかけ，広い意味でのヨーロッパにおける人権保護の強化に貢献している。こうしたことからも，フランス法のヨーロッパ法の動向に敏感に反応する傾向は今後も続くと思われる。フランス法を正確に理解するためには，国内法の枠組みのみに注目するのではなく，常にヨーロッパ法との関係に留意して，客観的に分析する必要があるだろう。

第1部 参考文献

阿部照哉編『比較憲法入門』（有斐閣，1994年）

新井誠ほか編『世界の憲法・日本の憲法―比較憲法入門』（有斐閣，2022年）

植野妙実子編『フランス憲法と統治構造』（中央大学出版部，2011年）

君塚正臣編著『比較憲法』（ミネルヴァ書房，2012年）

初宿正典・辻村みよ子編『新解説世界憲法集』〔第5版〕（三省堂，2020年）

杉原泰雄『憲法の歴史―新たな比較憲法学のすすめ』（岩波書店，1996年）

滝沢正『フランス法』〔第5版〕（三省堂，2018年）

辻村みよ子『フランス憲法と現代立憲主義の挑戦』（有信堂高文社，2010年）

辻村みよ子『比較憲法』〔第3版〕（岩波書店，2018年）

辻村みよ子・糠塚康江『フランス憲法入門』（三省堂，2012年）

M.デュヴェルジェ（時本義昭訳）『フランス憲法史』（みすず書房，1995年）

中村義孝訳『フランス憲法史集成』（法律文化社，2003年）

畑博行・小森田秋夫編『世界の憲法集』〔第5版〕（有信堂高文社，2018年）

樋口陽一『比較憲法』〔全訂第3版〕（青林書院，1992年）

フランス憲法判例研究会編『フランスの憲法判例』（信山社，2002年）

フランス憲法判例研究会編『フランスの憲法判例II』（信山社，2013年）

山口俊夫『概説フランス法（上・下）』（東京大学出版会，1978年・2004年）

第 **2** 部

現代フランスの人権問題と法文化

パリ地下鉄国民議会駅（2018年撮影）

メトロ12号線の Assemblée nationale 駅。1910年開業時の Chambre des députés（代議院）駅という駅名は，第五共和制でも維持され，1990年に現駅名に改められた。2016年のリニューアルでは，壁一面に憲法の条文や共和国の基本原則が刻み込まれるデザインが採用された。

撮影：蛯原健介

フランスにおける人権保障の特徴

1　はじめに

　フランスは「人権の母国」といわれる。1789年8月26日の「人および市民の権利宣言」（1789年宣言）は，フランス革命の果実として同年8月26日に国民議会において採択され（第1部第1章「フランス憲法の歴史」参照），その人権の普遍性と全体性ゆえに，その後の人類社会に大きな影響を与えた。1789年宣言は，16条で「権利の保障が確保されず，権力の分立が定められていないすべての社会は，憲法をもたない。」と規定し，近代立憲主義の憲法は「人権」とそれを保障するための「権力分立された統治機構」から構成されることを明示することで，人権の保障こそが近代立憲主義憲法を有する国家の最も重要な目的であることを明らかにしている。人権は，「人類の多年にわたる自由獲得の努力の成果」（日本国憲法97条）として各国の法的文書の中に結実し，その実定法上の権利としての人権は，今日では憲法によって保障されるだけでなく，普遍的に保障されるべき国際人権諸条約として具体化され，「人権の国際化」が進展している。

　日本の憲法概説書では，「人権」という用語について，「人がただ人間であるということのみに基づいて当然にもっている権利」と定義されているが，フランスにおける「人権」はどのような特徴をもっているのであろうか。本章では，その人権保障のあり方に関する変遷および人権内容に関する歴史的展開を紹介しながら，その概要を見てみよう。

2　フランスの伝統的な人権保障のあり方

(1)　1789年宣言：「自然権」としての人権

アメリカの独立革命やフランス革命に思想的に大きな影響を与えたのはロッ

クやルソーらの社会契約論であり、人権論としては「自然権」思想である。ロックによれば、人びとは自然状態において自由・平等であって、生まれながらに自然権を有しており、人びとはその自然権（生命，自由および財産）を守るために、社会契約を結び、政府をつくるのである。革命思想としての「自然権」は、実定法を超越する性格を有するものであった。人民は、かれらの自然権を確保することを目的に立法権（国民代表）を選任し、もしかれらが人民から与えられた「信託」に違背する行動をとる場合には、人民はそうした立法権を排除・変更することが認められる。

　こうして、アメリカの独立宣言や諸州の憲法を参照しながら起草されたフランス人権宣言は、憲法制定国民議会において、1789年8月26日に「人および市民の権利宣言」というタイトルで採択された。その1条は「人は，自由かつ権利において平等なものとして生まれ，存在する。」と規定し、国家が生まれる前に人権（自然権）が存在していることを明らかにしている。人権の内容としては、「自由，所有，安全」および「圧政への抵抗」を挙げる（2条）。「自由」とは「他人を害しないすべてのことをなしうること」と定義され（4条）、精神的自由として意見の自由（10条）と思想・表現の自由（11条）が、経済的自由（所有）として「侵すことのできない神聖な権利」である所有権（17条）が、そして人身の自由（安全）として法定手続の保障（7条）、罪刑法定主義（8条）と無罪推定（9条）が明記されている。人権宣言最後の条項として挿入された所有権の不可侵は、その後の資本主義的経済発展を行う上での法的基盤となった。また、「平等」については、社会的差別の禁止（1条）、「市民」の公務就任資格の平等（6条）、租税負担の平等（13条）が規定されている。

　この1789年人権宣言において、自由を保障する役割を果たしているのは「法律」である。法律こそが、自然権の限界を定め（4条）、平等を確保し（6条）、「公の秩序」（10条）や「自由の濫用」（11条）を画することができる。法律にこうした高い地位を与えたのは、ルソーの思想を淵源とする「法律は，一般意思（volonté générale）の表明である」（6条）という考え方に基づいている。そこでは、法律（議会制定法）はその性質上、自由を侵害するものとしてではなく、自由を保障する手段として捉えられた。この「法律中心主義」に基づく「法律による人権保障」という考え方は、その後フランスの伝統となっていく。

革命期のフランスにおいては，自然権たる「人権」は実定法秩序の外にある思想レベルの次元にあるものとされており，実定憲法のレベルで保障されるものとは考えられることはなかった。これは，比較憲法的には，アメリカの人権保障のあり方（裁判所による違憲審査制導入）とは全く異なるものであった。

⑵　法律による人権保障：「公的自由（Libertés publiques）」

　19世紀に入り，実証主義的思想傾向が強まると，フランスでは「注釈学派」が誕生し，法律は自然法を成文化・内在化したものであると解されるようになった。そして，立法者こそが，不当な存在とみなされる裁判官を排除して，自然権（人権）を定義するという役割を果たすと考えられ，自然権を実定法として定着させる際に「公的自由」という用語が選択されたのであった。人権は，憲法ではなく，法律によって保障されるものであるととらえるこうした論理は，第三共和制期に確立されることになる。

　その具体例として，ⓐ「集会の自由」を保障する1881年6月30日の法律，ⓑ「出版の自由」を保障する1881年7月29日の法律，ⓒ「組合の自由」を保障する1884年3月21日の法律，ⓓ「結社の自由」を保障する1901年7月1日の法律，ⓔ良心および礼拝の自由を保障する1905年12月9日の法律などを挙げることができる。いずれも，フランス社会において今なお重要とされている権利および自由であるが，フランス革命期以来の「法律中心主義」の伝統の下，これらの「公的自由」は，議会制定法を通じて具体化されてきたことが確認できる。

　もっとも，選挙権や被選挙権，さらには「公務」に就任する権利などの政治的権利は「公民権」に含まれ，「公的自由」の領域から除外された点については留意しなければならない。

　こうした「公的自由」が実定憲法上明記されたのは，第二次世界大戦を経た解放後の第四共和制憲法においてである（72条「海外領土においては，刑事立法，公的自由に関する制度および政治的行政的組織に関する立法権は国会に属する。」）。そして，現行の第五共和制憲法においては，法律所管事項の最初に「公民権，および公的自由の行使のため市民に付与される基本的な保障」を規定し（34条1項），「公的自由」が法律によって保障されることを明らかにしている。

　ちなみに，第五共和制憲法下のフランスの大学の法学部では，1954年に「公

的自由」という科目が新設され，1962年にはそれが学士課程の学生に必修科目になった。当時のフランス公法学の代表的概説書によれば，「公的自由」とは，①実定法上の権利であり，超実定法的次元（思想のレベル）において使用される「人権」とは異なる観念であること，②「公的自由」にいう「自由」とは，個人の自律，すなわち自己の選択することに従って行動する自己決定権を意味すること，③公的自由の承認およびその行使の調整は，立法機関である議会が担い，公的自由の侵害の回復は，法律の適用を行う行政裁判所（国務院）または司法裁判所（破毀院）の役割であると説いていた。

3　法律に対する人権保障：「基本権」

(1)　憲法院による人権保障

　第五共和制憲法の本文には，統治機構の規定しかおいておらず，「公的自由」の文言はあったとしても，諸個人の権利および自由の具体的内容は憲法典には明記されていなかった。第五共和制憲法の起草者たちの主要な関心事は大統領を頂点とする行政権の強化であって，本来，権利および自由を保障するために確保されるべき空間は二次的なものと考えられていたからである。第五共和制憲法で新しく設置された憲法院も，当初は，議会の役割を憲法に定められた権限の範囲内に閉じ込めることが期待された機関にすぎなかった。

　しかしながら，憲法院は，1971年7月16日の「結社の自由」判決を出発点に，「権力に対する市民の権利および自由の擁護者」としての役割を担う機関へと変貌する。憲法院は，この判決で初めて，他の西欧諸国において設置されてきた憲法裁判所と同じような役割を果たす「人権保障」のための違憲審査機関としての活動を開始した。結社の自由に関する1901年法の改正法の合憲性が審査されたこの判決では，「共和国の諸法律によって承認され，憲法前文によって厳粛に再確認された基本的諸原理の中に，結社の自由の法律を数えなければならない。この原則は，結社の契約に関する1901年7月1日の法律の一般的規定の基礎にある。この原則によって，結社は自由に結成され，事前の届出だけを条件として，公認されうる。こうして，特別のカテゴリーに属する結社についてとられることのある措置を別として，結社の結成はそれが無効とされるべき

もの，または違法な目的をもつものであっても，その法的有効性について，行政権あるいは司法権さえ事前の介入に服することはありえない」と判示し，改正法の諸規定のうち，事前審査制に関する部分を違憲と判断した。

この判決において，憲法院は，「共和国の諸法律によって承認され，憲法前文によって厳粛に再確認された基本的諸原理」を違憲審査基準として用いた。第五共和制憲法前文が援用している1789年宣言にも1946年第四共和制憲法にも「結社の自由」に関する規定は存しない。それにもかかわらず，憲法院は，1946年第四共和制憲法の前文において言及されていた「共和国の諸法律によって承認された諸原理」という定式に裁判規範性を与えたのである。

その後，憲法院は，1946年憲法前文，1789年宣言，さらには2004年に制定された環境憲章をも違憲審査の準拠規範として裁判規範性を認めた。それらは「憲法ブロック」と称される憲法規範の一群として機能することになった。

(2) 「公的自由」から「基本権」へ

憲法院は，1980年代中葉まで「公的自由」という概念を用いて諸個人の権利および自由について判断を行っていたが，1980年代中葉以降，「基本的自由」という表現を用いるようになり（1984年10月10/11日「新聞法違憲判決」)，また1990年代初頭になって「憲法的価値を有する基本的自由および基本権」という表現を用いるようになった（1990年1月22日「国民連帯基金付加手当国籍要件違憲判決」)。そして，1993年8月12/13日「移民法規制判決」において，「共和国の領土に居住するすべての人に認められる憲法的価値を有する基本的自由および基本権」として，「個人的自由と安全，特に移動の自由，婚姻の自由，通常の家族生活を営む権利」のほか，「フランスの領土に安定的かつ適法に居住している限り，社会保障に対する権利」が含まれることを明らかにした。

こうして，1949年ドイツ基本法において明示的に用いられている「基本権」という表現は，ヨーロッパ統合の進展の中で，ヨーロッパ・スタンダードとして，フランス憲法院の判例用語としても確立していったのである。

「基本権」の用法は，第1に，権利と法律との関係について，両者は分離すべきと解することから生じている点が重要である。すでにアメリカにおいては，1803年に裁判所による法律の合憲性審査が行われていたが，そこでは，権利の

「基本」性は法律という媒介に基づくべきものではなく，むしろ法律に対抗してでも，当該権利を法的に保障する必要性が認識され，その役割は裁判所に託されるべきとされていた。戦後ドイツにおいては，ナチスに対する反省から，「自由な民主的基本的秩序」の擁護者としての役割を新設された憲法裁判所に与え，議会制定法に対する抽象的違憲審査を可能としたのである。

第2に，「基本権」は，人権の保障レベルを，法律段階から憲法段階へと上昇させた点が特徴的である。その結果として，「基本権」は政権交代など，政治のさまざまな影響を受けることなく，形式的にも，法の階層性において，法律よりも安定性と持続性のある憲法において確保されることになる。

(3) 2008年の憲法改正による憲法院の事後的審査制の導入

2008年憲法改正で新たに QPC（第1部第3章）が導入されたことによって，従来，法律の合憲性審査について異議を唱えることができなかった市民を含む訴訟当事者が，違憲の抗弁を契機とする司法裁判所および行政裁判所からの移送に基づいて，事後的な違憲審査を行えることになった。市民が新たにこうした権能を付与されたことにより，個人の基本権擁護に資することになった。

4　フランスにおける憲法上の人権の内容

フランス憲法が保障する基本権の内容について，簡単に見よう。フランス憲法学による人権の分類論にはさまざまなものがあるが，人権を「三世代」に区分して説明することが多い。

「第一世代の人権」（droits de première génération）は，自由権である。1789年宣言に規定されていたのは，「自由，所有，安全」および「圧政への抵抗」であり，前者は，精神的自由，経済的自由，人身の自由を意味していたことは先に記した。17世紀から18世紀にかけて，革命を起こした人びとは国家の全能性を制限する要求を高めており，国家機関による不当な干渉から国民を保護する「国家からの自由」こそがその重要な内容であった。「市民的権利（droits civils）」として，自由権および平等権，信教の自由，表現の自由，集会および結社の自由，公正な裁判を受ける権利，拷問の禁止などが，さらに主権者とし

て政治に参画する市民の権利たる「政治的権利（droits politiques）」として，投票権などが含まれる。

「第二世代の人権（droits de deuxième génération）」は，1946年憲法前文において明文で保障されている権利で，主に生活条件の充足に関するものである。人間の尊厳のためには最低限の物質的安全が必要とされるとの考え方に基づき，社会国家によって要請される「経済的権利（droits économiques）」には，「勤労の権利，十分な生活水準，住居の権利，社会保障の権利が含まれる。「社会権（droits sociaux）」は，社会生活に積極的に参加するために不可欠な権利であり，教育を受ける権利，家族を養う権利，余暇と健康の権利等含まれる。さらに，「文化的権利（droits culturels）」は，人の文化的な生活様式に関するもので，これにはコミュニティの文化的生活に参加する権利等が含まれる。

最後に，「第三世代の人権（droits de troisième génération）」である。これは，ユネスコの「人権と平和」部会長だったカレル・ヴァサックが提唱したもので，連帯の概念に基づき，集団的権利を主な内容とするものである。世界の多くの地域では，極度の貧困，生態学的および自然災害，さらには抑圧や植民地化によって，人権の面で大きな問題を抱えており，とりわけ発展途上国において，第一世代と第二世代の権利を享受できる条件を保障するために，新しいカテゴリーの権利の承認が必要であると考えられて主張されたものである。持続可能な開発，自己決定権，環境権などがこれに含まれる。フランスでは2004年に環境憲章を制定し，これを「憲法ブロック」に加えている。さらにフランスでは，平等権につき，実質的な男女平等を求める積極的差別是正措置としてのパリテ（parité）を促進するための憲法改正が1999年に行われたり，「すべての人の婚姻」をスローガンに同性婚が認められるなど，とりわけジェンダー領域での人権の進展が顕著である（第2部第2章，第4章参照）。

5　おわりに

フランスにおける人権の変遷についてまとめると，第1に，近代における人権の宣言から，現在の裁判による憲法上の権利（基本権）の保障へという流れがある。「人権の母国」と呼ばれるフランスは，「法律中心主義」という共和主

義的伝統に基づき，法律による人権保障が目指されてきた国であった。しかし，第五共和制憲法によって創設された憲法院が，1970年代以降，人権保障機関としての役割を果たすようになった。そこでは，憲法上の権利を意味する「基本権」という用語が用いられており，これは，フランスがその共和主義的伝統を変容させ，アメリカやドイツが典型とされるグローバル・スタンダードに基づく人権保障の方式へと展開したことを意味する。「基本的人権（Fundamental Human rights）」という言葉を用いてきたアメリカでは，憲法判例の展開の中で，今日では裁判規範性を有する憲法上の権利を意味する「憲法的権利（Constitutional Rights）」が多く用いられるようになり，また，法実証主義の影響の強いドイツでは，実定法憲法上の権利である「基本権（Grundrechte）」の用語が用いられ，憲法裁判所が違憲審査権を行使して議会制定法による人権侵害をチェックしてきたのであり，フランスでも同様に，「法律に対する人権保障」という方式が認められるようになったのである。

　なお，現在，フランスにおける人権保障は，行政裁判所（国務院），司法裁判所（破毀院），憲法院という国内機関に加え，EU裁判所およびヨーロッパ人権裁判所というヨーロッパレベルにおける機関の，五次元的なシステムによって担われるようになっていることにも留意が必要である。

　第2に，人権内容については，近代市民革命によって宣言された自由権，第二次世界大戦後の第四共和制憲法前文が保障する現代的人権である社会権に加え，現在では，環境権など人類的課題に対する新しい権利，さらにはジェンダー領域に関して積極的差別是正措置を導入するなど，平等論の展開が見られることが重要である。

【参考文献】
山元一『現代フランス憲法理論』（信山社，2014年）
光信一宏「人権概念の展開と憲法の保障」辻村みよ子編集代表『講座　政治と社会の変動と憲法—フランス憲法からの展望〈第Ⅱ巻〉　社会変動と人権の現代的保障』（信山社，2017年）17-34頁
辻村みよ子『比較憲法』〔第3版〕（岩波書店，2018年）

第2章

男女平等とパリテ

1 はじめに

フランスという国について抱くイメージは,ワインや料理が美味しい国,クールなファッションを生み出す国,有名な建築物が数多くある国など,人それぞれであろう。しかしながら,「平等」という言葉がフランスとは無関係であると考える人は少ないように思われる。「自由・平等・友愛 (Liberté, Egalité, Fraternité)」はフランス革命のスローガンとして有名であるし,第五共和制憲法の 2 条 4 項には,「共和国の標語は,「自由,平等,友愛」である」と定められている。

ところで,フランスにおいても,しばしば平等あるいは不平等が問題となる場面として「男女間の平等・不平等」がある。この点,フランスは国の標語として平等を掲げ,人権の母国とも称されるほどであるから男女間の平等も十分に実現しているのであろうと考えがちであるが,はたしてどうであろうか。

政治の領域についていえば,現在でも憲法院における違憲審査の基準となっている1946年の第四共和制憲法前文では,第 3 項が「法律は,女性に対して,すべての領域において,男性の権利と平等な権利を保障する」と規定している。第五共和制憲法においても,1 条 2 項は,「法律は,公選の議員職および公選による公職,ならびに職業的および社会的な要職に対する女性と男性の平等な参画を促進する」と定め,3 条 4 項は,「民事上のおよび政治的な権利を享有する成年男女のすべてのフランス国民は,法律の定める要件に従い,選挙人になる」と規定し,さらに 4 条 2 項は,政党や政治団体が,上記 1 条 2 項に示された原理の実施に貢献するとしている。

このように,憲法が男女間の平等について明示的に定めていることは,一見するときわめて画期的,革新的に思える。しかしながら,逆説的ではあるが,

憲法が男女間の平等にあえて言及しなくてはならないほど，男女の間に不平等が存在していた，あるいは今も存在している，とは考えられないだろうか。

　以下では，フランスにおいて男女平等が憲法に書き込まれた理由や，男女平等を実現するための仕組みについて概観してみたい。

2　フランスにおける「男女」「平等」？

　フランスにおいて，女性に選挙権が付与され，普通選挙が実現したのは1944年と，イギリスの1918年（もっとも，完全な普通選挙が実現したのは1928年），アメリカの1920年と比べても決して早い時期とはいえない。その背景として，いわゆる性別役割分担が根強く定着していたことや，女性の参政権運動が十分な成果を得られなかったことなどが指摘されている。

　ところで，「自由・平等・友愛」というスローガンを目にすると，1789年のフランス人権宣言を想起する人もいるだろう。その1条前段は，「人は，自由かつ権利において平等なものとして生まれ，存在する」と定めている。憲法院での違憲審査に際して，現在も根拠法とされるこの人権宣言だが，ここにいう「人」権すなわち droits de l'homme の "homme" は，「人間」ではなく "femme" すなわち「女性」の対となる「男性」を意味する，として，オランプ・ドゥ・グージュは1791年に「女性および女性市民の権利宣言」を著した。フランス人権宣言と対比すると，1条前段は，「女性は，自由かつ権利において男性と平等なものとして生まれ，生存する」とされている。たとえば，政治の領域で女性が選挙権の行使から排除されている状況に照らして，非常に興味深い文書といえよう。

3　クォータ制導入の試みとその挫折

　もっとも，政治の領域において女性の参画が十分に果たされていなかったという状況には，20世紀に入って女性が選挙権・被選挙権を獲得した後も大きな変化は起こらなかった。たとえば，1990年代の国民議会において女性議員が占める割合は5％台から10％台で推移している。これは，当時のEU諸国ではギ

リシャについで下位から2番目の低い数字である。

　女性の政治領域への進出をめぐって，社会の動きとしてはすでに1970年代には一部のフェミニストから政党の候補者名簿へのクォータ制（quota, 割当制）導入の要求がなされていた。また，政治の世界においてもやはり1970年代に市町村（コミューン）議会議員選挙の候補者名簿に女性が20％登載されなければならないという提案がなされて以来，クォータ制の導入への動きが加速した。その結果，1982年，名簿式投票で実施される人口3500人以上の市町村（コミューン）議会議員選挙においては，候補者名簿には，同一の性の候補者を75％以上含んではならないことを定めた内容の選挙法典改正法が選挙法典 L.260条の2として国民議会で採択された。

　しかしながら，フランスにおけるクォータ制の導入は実現には至らなかった。たとえば，女性の政治領域への進出を確保するのはそれぞれの政党の役割であるとして，クォータ制の導入に慎重な勢力も根強く存在していた。

　そして，1982年10月23日，選挙法典改正法に反対する60名の国民議会議員は，憲法院に選挙法典改正法の合憲性審査を付託した。もっとも，この付託はクォータ制に反対するものではなく，人口3500人以上の市町村（コミューン）議会議員選挙での名簿式2回投票制という投票方式が選挙結果の不平等をもたらすことを問題としたものであった。これに対して憲法院は，職権でクォータ制についても審査を行い，憲法3条および1789年人権宣言6条を根拠に，「市民」という資格においてすべての人が同一の条件で選挙権と被選挙権を付与されていること，この憲法的価値を有する原則は選挙人や被選挙人のカテゴリーによる区別とは相容れないこと，それはすべての選挙における原則であってとりわけ市町村（コミューン）議会議員選挙においてあてはまること，を理由として，「選挙人に委ねられる名簿の作成のために性を理由とした候補者間の区別を含む規則は，上記に引用した憲法原則に反する」と判示し，選挙法典 L.260条の2は憲法に反すると結論づけた。これにより，フランスにおけるクォータ制の導入は挫折することとなった。

4 「クォータ制」から「パリテ」へ

　1982年の憲法院によるクォータ制違憲判決以降，クォータ制導入の要求は後退していった。代わって，女性の政治参加を促進するための手法として登場したのが「パリテ（parité）」である。パリテとは，もともとは「同等・同数」を意味する言葉であり，女性の政治領域への進出という文脈では「男女同数」を指す。パリテは，1990年代に市民の間はもとより，議員間や政党において活発に議論され，パリテを求める運動が拡大していった。

　たとえば，1992年はフランスにおいてパリテの考え方が広く認知されるきっかけとなった年であったことが指摘されている。同年，まず3月に実施された州議会議員選挙に際して，女性議員が過少であることが明らかとなり，各地で女性議員を増やすための運動が始まった。6月には，3名のフェミニストによって著された『女性市民よ，権力の座へ──自由，平等，パリテ』（Françoise Gaspard, Claude Servan-Schreiber, Anne Le Gall, "AU POUVOIR, CITOYENNES！Liberté, Égalité, Parité", SEUIL, 1992）が出版され，パリテの思想が広まり，パリテの要求が高まった。さらに，11月にはEC（当時）の委員会がアテネで主催した「権力への女性（Femmes au pouvoir）」会議（いわゆるアテネ会議）が開催され，そこで採択された「アテネ宣言」にパリテの要求が盛り込まれたことで，市民運動も活性化することとなった。

　また，1995年に実施された大統領選挙においては，主要な3候補者すなわちジャック・シラク，リオネル・ジョスパンそしてエドゥアール・バラデュールのいずれもが，パリテの導入に向けた施策の実施を表明した。選挙の結果，大統領に就任したシラクは，首相を委員長とする諮問機関として「女性および男性のパリテ監視委員会」を設置した。

　1997年には，国民議会の総選挙が実施された結果，社会党が勝利した。首相に就任したジョスパンは，かねての公約に従い，1998年6月18日，パリテの導入を内容とした憲法的法律案を国民議会に提出した。提出された法律案は，パリテの導入を目指す政府＝国民議会と，パリテの導入に必ずしも積極的ではない元老院との間を往復した後，1999年6月28日の両院合同会議において可決さ

れた。これに大統領が審署し，同年7月8日の憲法改正が実現した。

5 1999年7月8日の憲法改正

　パリテを導入するための憲法改正が実現し，憲法にパリテ条項が挿入された。具体的には，まず憲法に3条5項が追加された。同条同項は，「法律は，公選の議員職および公選による公職に対する女性と男性の平等な参画を促進する」と定めていた。この条項は，2008年7月23日の憲法改正により1条2項に移動するとともに，「ならびに職業的および社会的な要職」についての文言が付加された。また，4条2項は「政党および政治団体は，法律の定める要件に従って，第3条最終項で表明された原理の実施に貢献する」と規定していた。この条項も，2008年7月23日の憲法改正により「第3条最終項」の文言が「第1条第2項」に修正されている。なお，憲法には「パリテ」という言葉自体は用いられていないが，これはパリテが男性50%女性50%という，数値の上での絶対的な平等を指すものであってその実現は不可能であるため，また，目指されるべきは男性と女性の実質的平等であり，パリテはそのための手段であるため，と説明される。

　この憲法改正により，1982年の憲法院判決を乗り越えて，選挙の際に男・女という性に着目した異なった取扱いが可能となり，あるいは異なった取扱いをすることが義務となった。

6 パリテの内容

(1) 2000年パリテ法

　1999年の憲法改正を承けて，2000年には「公選の議員職および公選による公職についての女性および男性の平等なアクセスを促進するための2000年6月6日法律」，通称「パリテ法」が成立した。同法では，パリテを実施するための3つの手法が用意されている。

　第1は，強制力を伴うパターンである。比例代表1回投票制の選挙において，候補者名簿の登載者を男女交互とするものであり，この要件を満たしていない

場合には名簿の届出は受け付けられない。対象となる選挙は，比例代表制で実施される元老院議員選挙，欧州議会議員選挙，フランスの海外領土（ポリネシア，ニューカレドニア，ワリス＝フツナおよびマイヨット）の領土議会議員選挙である。

第2は，強制力を伴うものの，上記第1のパターンより緩和された手法である。比例代表2回投票制の選挙において，候補者名簿の登載者を6人ごとに区切り，その区切りの中で男女の数を同一とするものである。この要件を満たしていない場合には，やはり名簿の届出は受理されない。2回投票制が採用される場合，2回目の投票に際しては名簿の修正が可能である。その際，名簿作成における「駆け引き」の余地が残されたとされる。対象となる選挙は，人口3500人以上の市町村（コミューン）議会議員選挙，州議会議員選挙，コルシカ議会議員選挙およびサン・ピエール・エ・ミクロン領土議会議員選挙である。

第3は，政党または政治団体に対する公的助成金を調整することで，女性候補者擁立のインセンティブを与える方法である。対象となる選挙は，小選挙区2回投票制で実施される国民議会議員選挙である。政党または政治団体に属する男女の候補者の差が2％を超えた場合に，その政党または政治団体に配分される公的助成金のうち，国民議会議員選挙で獲得した得票への配分が減額される。海外領土の場合は，男女の候補者の差が1名を超えた場合に減額が行われる。

(2) パリテ法制の進展

2000年のパリテ法は，フランスにおいてパリテを実現する第一歩となったことは事実であるが，必ずしも十分な仕組みが整えられていたわけではない。たとえば，上記の第2の手法についていえば名簿内の一つの区切りにおいて男女の候補者数が同一となれば良いのであるから，当選の可能性の低い女性候補者を名簿の下位の順におき，「①男男男女女女②男男男女女女③……」という名簿を作成することも可能であった。あるいは，上記第3のインセンティブ制度では，元老院において多数の議員を擁する政党の場合には，国民議会議員分について公的助成金が減額されてもそれを補うだけの助成金の獲得が見込めるため，女性候補者の擁立に消極的となることも考えられる。

そこで，2000年以降，パリテ法制は進展を遂げ，第2の手法について指摘し

た問題点については「州議会議員および欧州議会議員選挙ならびに政党への公的助成に関する2003年4月11日の法律」および「議員職および公職への助成および男性の平等なアクセス推進に関する2007年1月31日の法律」によって，候補者名簿登載者は男女同数かつ男女交互（男女または女男）とすべきことが規定された。また，公的助成については，2007年と2014年の法改正により，候補者の男女差が2％を超えた場合の減額率が増加している。

　また，地方議会議員選挙においては，県議会議員選挙と人口3500人未満の市町村（コミューン）議会議員選挙はパリテの適用除外とされていたが，前者については「州議会議員および欧州議会議員選挙ならびに政党への公的助成に関する2013年5月17日の法律」によって「男女ペア立候補制」が採用されることとなった。後者については，上記2013年の法律により，人口1000人以上の市町村（コミューン）にまでパリテの適用対象が拡大された。

(3) 「パリテ選挙」の例

　フランスにおける「パリテ選挙」の特徴的な一例として，県議会議員選挙を取り上げる。

　すでに見たように，2000年のパリテ法制定当初は県議会議員選挙はその対象とはなっていなかった。その理由として指摘されるのが，この選挙が小選挙区制を採用していたことが指摘されている。小選挙区制の下では，各選挙区からの当選者は1名に限られるため，パリテを導入することが必ずしも女性議員の増加につながるわけではない。また，県議会議員選挙の候補者は政党に属さない場合が多く，この点で公的助成金の調整による女性候補者の増加も見込めないことも，パリテの対象とされなかった原因とされている。

　県議会議員選挙にパリテが導入されたのは，2013年のことである。選挙法典L.191条は，県議会議員選挙に「男女ペア立候補制度」を導入した。立候補に際しては，男女ペアでなければならず，有権者は候補者個人ではなくいずれか1組のペアに投票する。当選（落選）もペア単位である。もっとも，当選後はペアのそれぞれは独立して議員としての活動を行う。この仕組みにより，立候補と選挙結果のいずれもパリテが実現されることになる。なお，県議会議員選挙においては，候補者は立候補の際に自身の補欠となる候補者も擁立しなけれ

ばならないが，この補欠候補者は，候補者とは異なる性でなければならない。

7 おわりに

　以上では，フランスにおける男女平等とパリテについて概観してきた。フランスに固有の課題として，歴史的にも女性が公的な空間すなわち政治の場において活躍することが妨げられており，あるいは排除されてきたことが，20世紀末の女性の政治的地位にまで影響したであろうことが挙げられる。

　しかしながら，こうした状況は，多少の外圧はあったにせよむしろフランス国内における女性の政治領域への進出の要求として萌芽し，成長を遂げ，パリテとして開花し，たとえば2022年の国民議会議員選挙の結果，女性議員は215名，全議員の37.3％を占めるまでに至っている。もとより，50％という本来的な意味でのパリテは実現していないが，1990年代の状況と比較しても，これは長足の進歩を遂げたものと評することができるであろう。

　パリテの導入に際しては，市民を男・女というカテゴリーに分類して取り扱うことの是非が問われた。クォータ制導入の試みを頓挫させた憲法院の判決も，この問題に対する一つの重要な解釈である。

　パリテの導入後，数値的には女性議員の増加，女性の議席占有率の増大が認められるところである。選挙権，被選挙権の獲得に男性に150年の遅れをとったフランスの女性が，今後，政治の領域において女性，男性そして市民の代表としてどのような活躍を見せるのか，注目していきたい。

【参考文献】
糠塚康江『パリテの論理─男女共同参画の技法』（信山社，2005年）
村上彩佳「フランスにおける女性議員の増加のプロセスとその要因─クォータ制導入の頓
　　挫からパリテ法の制定・定着まで」『内閣府男女共同参画局推進課・諸外国における政
　　治分野への女性の参画に関する調査研究報告書』（2019年）72-101頁

第3章

移民政策と外国人の地位

1 はじめに

　フランスは伝統的な移民受け入れ国である。国際連合によれば，国際移民の正式な法的定義はないものの，多くの専門家は「移住の理由や法的地位に関係なく，定住国を変更した人々」を国際移民とみなし，3か月から12か月間の移動を「短期的または一時的移住」，1年以上にわたる居住国の変更を「長期的または恒久移住」と呼んで区別している。しかしながら，フランスの統合高等評議会（Haut Conseil à l'Intégration：HCI）は，移民人口を調査するにあたり，「外国人として外国で生まれ，フランスに居住する者」を「移民」（immigré）と定義している。したがって，外国でフランス人として生まれてフランスに居住している人はそこにカウントされず，反対に，移民の中にはフランス人になった者もいれば，外国籍のままの者もいる。移民という地位は永続的であり，国籍を取得してフランス人になったとしても，移民というカテゴリーに属し続けることになる。なお，移民の地理的出身地は，出生時の国籍ではなく出生地でカウントされる。

　フランス国立統計経済研究所（INSEE）によれば，2021年現在，およそ700万人の移民がフランスに居住し，総人口の10.3％に達している。その700万人の移民のうち36.0％（約250万人）がフランス国籍保持者である。ちなみに，フランスに居住する外国人は520万人いる（総人口の7.7％）。フランスに居住する移民のうち，47.5％はアフリカ出身者で，33.1％がヨーロッパ出身者である。移民の地理的出身地を高い順に挙げると，アルジェリア（12.7％），モロッコ（12％），ポルトガル（8.6％），チュニジア（4.5％），イタリア（4.1％），トルコ（3.6％），スペイン（3.5％）の順であり，移民の約半数（49％）はこの7か国から来ている。
　2020年の新型コロナウイルスの影響による公衆衛生上の危機（crise sanitaire）

により，フランスを含む多くの国が国境を閉鎖するか，少なくとも入国を制限したが，フランスでは，その結果，2020年の移民受け入れ数が2019年と比較して21％減少し，27万2000人から21万5000人（推定値）になった。以下では，とりわけ移民政策の変遷を概観しながら，フランスの「移民問題」を考えてみたい。移民政策は，入国管理政策（受け入れ政策）と移民を受け入れてからの社会統合政策の二つに大別されるが，本章では後者を中心に論じる。

2　フランスにおける移民政策の変遷

　フランスの移民人口比率は，1946年以来，増加してきた。1946年には5.0％だったのが，1975年には7.4％，そして2021年には10.3％となっている。1970年代半ばまで，移民として受け入れたのは主に男性であり，戦後の復興とその後の好況期から生じる労働力のニーズを満たしてきた。しかし，経済状況が悪化する中，1974年に労働移民の受け入れ停止措置がとられて以降は家族移民が増加し，女性の割合が増加している。移民の女性割合は，1946年に45％，1975年に44％だったのが，2021年は52％となっている。

　フランスにおける移民の社会統合政策は，それぞれの時代の政治・経済・社会状況によって大きく変更してきた。1970年代から現在までの移民の社会統合政策は，「同化（assimilation）」→「編入（insertion）」→「統合（intégration）」といった変遷が見られる。

(1)　1970年代の移民政策：「同化」政策

　フランスでは，1950年代後半からの高度経済成長期に外国から単純労働者を受け入れることで経済成長を果たしてきた。出稼ぎ労働者の中心は，マグレブ諸国と南欧諸国の男性労働者であった。しかし，1973年の石油危機以降，フランスの経済が低迷し，失業問題が重大な社会問題となる中で，1974年にジスカール・デスタンが大統領に就任すると，移民労働者庁が創設され，1974年7月に移民労働者の一時的受け入れ停止措置が打ち出された。しかし，そこでは家族呼び寄せは禁止されなかったことから，移民の家族である女性の受け入れが増加していった。

移民の受け入れ停止措置が行われた後も移民の数が減少しないことから，1977年には，フランスに戻らないことを条件に家族と帰国する者に対して1万フランの一時金を支給することなどを内容とする外国人の帰国奨励策が実施された。もっとも，EC加盟国民はこの政策の対象外であり，また当時EC未加盟だったスペインとポルトガルからは抗議を受けて両国の国民も対象外となる中で，実質的な対象となったのはマグレブ諸国の国民であった。また，これとは別にアルジェリアとの二国間協定を締結することにより，アルジェリア国民の帰国も奨励していった。しかし，これらの帰国奨励策はいずれも失敗に終わった。

　このような状況下で，1980年1月10日の法律（ボネ法（La loi Bonnet sur le séjour et l'expulsion des travailleurs immigrés））が制定され，不法移民の退去強制が容易化されることになった。また，1981年2月2日の法律（安全および自由法）の制定により，人の安全および財産のためにすべての人に対して身分証明の所持検査を実施することが認められた。移民労働者は，各地の自動車工場などでハンストを行い，この政策への抗議活動を行った。退去強制の主対象となったのは，マグレブ諸国を中心とするアフリカ出身者であった。

　1970年代の移民受け入れ政策の基準は，「同化」政策に基づくものであったと指摘されている。「同化」とは，生物学的に対象物に同一化し，もとの存在の特質を失わせてしまうことを意味する。不法移民の退去強制を名目にしながら，実際にはフランス社会の一体性を維持するために，移民を選別し，同化不能なアフリカ出身者を排除するという方針が採用された。これらの施策に対して，移民に対する人権侵害や不当な差別に反対し，かれらの権利を擁護するために，法律家や法学者なども中心メンバーとするNGO（Association）が1970年代から80年代にかけて立ち上げられ，移民の権利が争われた訴訟事件に対する支援が行われていった（GISTI, SOS Racismeなど）。

(2)　1980年代の移民政策：「編入」政策

　1981年に政権交代が行われ，社会党のフランソワ・ミッテランが大統領に就任すると，移民政策を転換した。ミッテラン政権は，1981年以前にフランスに入国した事実を証明できた不法移民約13万人を正規化する手続を行い，ボネ法

を廃止して，帰国奨励策の廃止，移民の滞在条件の緩和化など，移民の滞在権を保障する施策を採用した。1984年には10年間有効の労働・滞在単一許可証が創設された。この滞在許可証は，フランス領土内で3年以上継続して滞在するすべての外国人に付与され，就労制限もなく，また失業した場合にもそれを理由に剥奪されることはない。また，実現には至らなかったものの，大統領選挙の際には外国人の地方選挙権の導入も公約に掲げられたりもした。こうした背景には，戦後に労働者としてフランス国内に流入した移民の定住化が進み，「移民第二世代」がフランスで数多く出生する中で，住民としての権利主張を展開するようになったこともある。

　この時期のフランスの移民の社会統合政策は，「編入」政策と呼ばれる。「編入」とは，個人がある一定の社会的・経済的基準に達することができるよう個人を支援するにとどまり，個々の移民自身が帰属する民族集団の固有の文化を保持したままフランス社会の一員として組み込むことをいう。そのために主張されたのが，移民受け入れ国がエスニック・マイノリティの文化的特異性を尊重し，それを受け入れるよう求める「相違への権利（droit à la différance）」である。しかしながらこの権利に対しては，特定のエスニック・マイノリティ集団に属する者を他の諸個人と異なる方法で隔離して取り扱うことは，フランスの共和主義的伝統と相容れないアングロサクソン流の「多文化主義（multiculturalisme）」あるいは民族集団のゲットー化の論理である「集団主義（communautarisme）」の考え方であるとの批判が展開された。

(3) 1990年代以降の移民政策：「統合」政策

　左派政権によって「編入」政策が展開される中で，失業や治安悪化の要因は増加する移民のせいであるとして移民排斥を唱える極右勢力が台頭することになり，さらに保守派の共和国連合も，「編入」政策は「寛容主義」であるとして移民受け入れ規制強化を主張した。

　この時期，欧州統合の進展により，ＥＵ域内の国家間の障壁が格段に低くなる中で，国民国家システムの「揺らぎ」がさまざまな形で表面化するに至り，フランスでは保守系の知識人を中心に「ナショナル・アイデンティティ」とは何か，「フランス人とは何か」というテーマに関する論争が展開された。その

中で，「移民第二世代」が国籍法の出生地主義によって自動的にフランス国籍を付与されることについて疑義が出され，フランス人になる意思のない者がフランス人になることを回避する必要があるのではないかとの問題提起がなされた。1986年に国民議会で保守派の共和国連合が第一党となり，ミッテラン大統領の下でジャック・シラク首相が任命され第一次コアビタシオン（保革共存政権）が成立すると，出生地主義に基づく自動的国籍付与の見直しが議論された。しかし，1988年の大統領選挙でミッテランが再選し，国民議会でも社会党が第一党となると，国籍法改正の動きは一度挫折する。しかし，1989年に「イスラーム・スカーフ事件」が発生し，イスラーム教のスカーフを公立学校内で生徒が着用することはフランス共和主義の原理である「ライシテ」（第2部第7章参照）に違反するかどうかが争われる中で，エスニック・マイノリティ，とりわけムスリムの社会統合問題は大きくクローズアップされ，連日マスメディアでも報じられた。国民の中で反移民感情が高まり，また政府の移民政策が批判される中で，社会党政権は従来の移民の社会統合政策を転換し，「編入」政策をやめて「統合」政策に変更する。移民をはじめフランス社会で「排除」されている者の社会統合に関する政策づくりを行うために，新たに統合高等評議会(HCI)を創設し，フランス共和主義の普遍的価値をすべての人に共有し，フランス社会の一体性を確保する社会統合政策を採用することになった。

　統合高等評議会によれば，「統合」とは，「同化」と「編入」の中間に位置し，「多様かつ異なる要素が，積極的に国民社会への参加を促進する特別な過程である。そこでは，文化的社会的倫理的特性が受け入れられ，その多様性，複合性によって社会全体が豊かになることが望まれている。」と定義づけられている。

　移民政策のうち，移民の受け入れ政策については保守派と革新派では政治的に対立するものの，移民の社会統合政策においてはすべての人に共和主義的価値観の共有を求めることで一応の合意形成がなされるに至ったと考えられる。これは「移民統合の共和主義モデル」と呼ばれている。

　なお，第二次コアビタシオン政権（ミッテラン大統領とエドゥアール・バラデュール首相）の1993年には，「二世代出生地主義」に基づき自動的に国籍を付与する制度が見直され，16歳から21歳までの間に国籍取得の意思表明を義務づける国籍法改正が行われたが，第三次コアビタシオン政権（シラク大統領とリオネル・

ジョスパン首相）の1997年には，出生地主義に基づく成人時の自動国籍付与制度が復活している。

移民の受け入れ政策については，1993年 8 月24日の法律（パスクワ法）および1997年 4 月24日の法律（ドゥブレ法）によって滞在許可の制限や不法移民の取り締まり強化，家族移民の受け入れ規制の強化が行われた。その後，左派政権の下で制定された1998年 3 月11日の法律（シュベーヌマン法）に基づき，不法移民の正規化（約 3 万人）が行われたものの，ドゥブレ法の全面改正は行われなかった。

3　1993年 8 月12日・13日の憲法院判決と「外国人の憲法上の地位（statut constitutionnel des étrangers）」

上記の1993年パスクワ法の成立過程において，憲法院は「外国人の憲法上の地位」に関する「重要判決」をくだしている。1993年の国民議会議員選挙で勝利した保守派は，バラデュール首相の保守政権の下，「不法移民ゼロ」を旗印に，1945年11月 2 日のオルドナンスの全面改正を行うことを目指し，偽装結婚等に対する制裁措置を含む不法移民の取り締まり強化，家族移民や難民受け入れに対する規制強化を内容とするパスクワ法案を国会で可決，成立させた。

しかしながら，1993年 8 月13日の憲法院判決は，このパスクワ法の一部を違憲と判断した。移民の多くは外国人であり，憲法院による判断は注目されるところであった。この判決当時，フランス第五共和制憲法には外国人の地位および権利に関する規定は存せず（1993年11月25日の憲法改正により53条の 1 が追加），第四共和制憲法前文 4 項に庇護権の規定があるだけであった。憲法ブロックを構成する諸文書においては，「すべての人」に対する普遍的人権が宣言されていたにもかかわらず，文言上，法の下の平等は「市民（citoyen）」の専有物であり，憲法34条も法律が「公的自由の行使のために市民に付与される基本的な保障」を定めるとしていたため，実際には外国人に例外的措置をとる法律および行政立法が制定されており，外国人の憲法上の地位および権利については解釈問題とされてきた。

憲法院は，まず，外国人の憲法上の地位について，「外国人の入国および滞

在の要件は，広範な権限を公的機関に与える行政警察措置で特別の法規範に基づくものによって制限される。」「この法的枠組みにおいては，外国人は国民とは異なる法的地位にある」とした。

次に，しかしながら，立法府が外国人に対して特別の法規定を定めることができるとしても，「共和国の領土内に居住するすべての人に認められた基本的自由および基本権」を尊重する義務があり，立法府の裁量権に対する統制が図られている。憲法院はそこで，「共和国の領土内に居住するすべての人」という表現を用いて，外国人や移民を含む「すべての人」が有する憲法上の権利の内容を明らかにする。すなわち，「すべての人」に対して認められる基本権として，「個人的自由（安全，移動の自由，婚姻の自由，通常の家族生活を営む権利）」，「不服申し立ての権利」，「防御権」，「罪刑法定主義の原則」，「通常の家族生活を営む権利」がある。また，フランス領土内に「安定的かつ適法に」居住する場合には「社会保障の権利」を享受する。

こうして，一般に外国人に認められない権利として，「入国・滞在の自由」，「国政選挙権および地方選挙権」（ただし，EU市民は憲法88条の3で地方選挙権・被選挙権が認められている），国民主権の行使と不可分の職務についての「公務就任権」があると解され，さらに外国人の基本的権利は「公の秩序の保持」との調整が必要とされている。

もっとも，移民の場合，出生地主義によって国籍を取得し，法的には「フランス国民」であったとしても，北アフリカ出身者をはじめ，エスニック・マイノリティゆえの社会的差別があることは21世紀に入っても解消されていない。

4　21世紀以降のフランスにおける移民をめぐる諸問題

フランスでは2005年10月に「パリ郊外暴動事件」，2015年1月に「シャルリー・エブド襲撃事件」，同年11月に「パリ同時多発テロ事件」が発生し，宗教の名におけるテロリズムの要因として，フランス郊外の貧困地区で深刻化する移民の問題，とりわけ，差別や疎外による移民の社会統合の現実が白日の下にさらされた。

(1) 2005年パリ郊外暴動事件

　フランスでは，大都市の「郊外」に移民労働者の多くが居住している。そこは同時に「排除空間」にもなってきた。移民労働者を大量に受け入れたフランスは，大都市の郊外に団地を建設し，そこに移民を居住させた。「要注意都市地域」（zones urbaines sensibles：ZUS）に指定されている地域は，その多くが大都市の郊外に集中しており，2005年の暴動発生の直前に公表されたZUSに関する報告によれば，その地域の15歳から59歳人口の失業率は20.7％に達しており，これはフランス全体における平均の2倍以上の水準であった（出身国別では，北アフリカなどEU域外の出身移民の男性26％，女性38％が失業者である）。法的にはフランス人と同等の権利を有しているはずの郊外地域に居住する移民であるが，その実態は，就職の際に提出する履歴書の名前や写真から移民と判断されて書類選考段階を通過しなかったり，あるいはZUS地域出身というだけで落とされたりすることが続いていた。

　こうした中で，2005年10月，パリ郊外で北アフリカ出身の若者3名が警察官に追われて逃げ込んだ変電所で感電死するという事件が発生し，これを契機にフランス全土で郊外に居住する若者による暴動事件へと発展し，政府は緊急事態令を発令し，若者に対する夜間外出禁止令も追加発令された。現地に乗り込んだニコラ・サルコジ内務大臣は，犯罪者は「社会の屑」であり，かれらを「浄化する」と発言し，移民に嫌悪感情をもつ国民の支持を得る一方で，問題の本質は移民の高い失業率と「貧困」にあるとしたため，批判も多く出された。

　すでに2003年11月26日の法律（サルコジ法）によって不法移民の取り締まり強化を行っていた保守政権は，この暴動事件を契機にサルコジ法を改正し，2006年7月24日の法律（サルコジII法）を制定した。サルコジ内務大臣は，不法移民や家族移民はフランスが望んで受け入れたわけではなく，「押し付けられた移民（immigration subie）」であるとの認識の下，2005年の暴動は，二世代出生地主義によってフランスの国籍を付与されながらフランスに統合されていない移民の若者によって引き起こされたものであり，今後，フランスは，「押し付けられた移民」ではなく，「選択的移民（immigration choisie）」をその能力と必要性に応じて受け入れていくと表明した。サルコジII法では，家族滞在許可の条件やフランス人配偶者への国籍付与の条件を厳格化し，移民の受け入れ

及び滞在の規制強化を行う一方，有能な技能や資格をもつ高度専門職外国人の「選択的受け入れ」を導入している。また，サルコジ政権の下で，2007年11月20日の法律（オルトフー法）が制定され，移民の子の呼び寄せの際の親子関係の証明のために，一定の要件を課した上で DNA 鑑定を実施することが認められた。さらに，違法滞在する EU 域外外国人の「再入国」，「雇用主の制裁」，「高度専門職の入国・滞在資格」の３つの欧州指令の国内法化を目的とする2011年６月12日の法律（ベッソン法）も制定されている。なお，サルコジ大統領は，警察官などの治安要員を殺害した移民からはフランス国籍を剥奪することができるとする条項をベッソン法案に挿入することを求めていたが，社会党議員らの反対にあい，撤回した。

(2) 2015年シャルリー・エブド事件とパリ同時多発テロ事件

　2015年１月，イスラーム教の預言者ムハンマドの風刺画を掲載した『シャルリー・エブド』のパリ本社などを武装したアルジェリア系フランス人のイスラーム過激派メンバーが襲撃し，編集者ら12名とユダヤ系スーパーにいた５名を銃殺するという事件が生じた。この事件に対しては，フランス全土で数百万人が「表現の自由」を擁護せよとデモ行進で応じた。その犯行メンバーだったクアシ兄弟は，満足な教育も受けられず，職にも就けず，過激思想に接近して事件を引き起こしたと報じられている。

　さらに，同年11月にはパリ同時多発テロ事件も発生した。イスラーム過激派組織 ISIL の戦闘員と見られるグループによる銃撃，爆破が行われ，死者130名，負傷者300名以上の惨事となった。犯行現場となった３か所のうち，バタクラン劇場の実行犯には２名のアルジェリア系フランス人が含まれていた。

　社会党のフランソワ・オランド大統領は非常事態宣言を出し，さらにテロとの戦いを国内外に鮮明にするために，テロ行為を行った重国籍者のうち，出生によってフランス国籍を付与された重国籍者の国籍剥奪を認める憲法改正案を国会に上程した。すなわち「二世代出生地主義」でフランス国籍を取得した移民の国籍剥奪を憲法上可能にしようとしたわけである。しかし，この改憲案に対しては，フランス国民を，重国籍を有する者とそうでない者とを区別するものであり，第五共和制憲法１条１項に定める平等原則に違反するとの批判がな

された。マニュエル・ヴァルス内務大臣は国籍剥奪の対象をすべてのフランス人にする修正案を提出したが，国民議会では可決されたものの，与党内からの批判が高まり，さらには保守派が多数を占める元老院ではさらなる修正の上で可決されたが，憲法改正法案は両議院が同一の文言で表決されなければならないとする憲法89条2項の規定に従い，与野党が合意形成することを難しいと判断したオランド大統領は，この憲法改正を断念するに至った。

(3)　その後

移民政策に関しては，その後，オランド政権の下で「フランスにおける外国人の権利に関する法律」（2016年3月7日の法律）が制定されている。2013年の移民に関する報告書に基づくこの法律は，ⓐ長期の在留を希望する正規滞在外国人の社会統合の推進，ⓑグローバル人材の流動性が高まる中での高度人材の受け入れ・滞在の容易化，そしてⓒ不法移民対策，特に非正規滞在外国人に対する行政措置の強化の三点を柱にするものであった。特に一点目の社会統合については，長期滞在外国人に対するフランス語の習得と共和主義的価値の理解を推進するものであり，多文化主義を排し，ナショナル・アイデンティティを強化する方向が看取できる。

2017年には，フランス社会党を離党し中道政党「前進！」を立ち上げたエマニュエル・マクロンが，移民排斥を主張する極右政党「国民連合」のマリーヌ・ル・ペンとの決戦投票を経て大統領に選出された。マクロン政権の下で制定された「移民規制，実効的庇護権，統合の成功に関する2018年9月10日の法律」は，1980年のボネ法以降，28番目の移民・難民法である。その内容は，ⓐ難民申請者に対する手続の迅速化，ⓑ不法移民対策の強化，ⓒ高度人材の確保の三点をとする。ⓐについては，難民申請者による庇護申請期間を入国後120日から90日に短縮するとともに，申請が却下された場合に「国家庇護権院（CNDA）」に異議申立てできる期間を30日から15日に短縮する。ⓑの不法移民対策としては，庇護申請が却下され国外退去処分が決定された場合に「フランス領土を離れる義務」（Obligation de quitter la France：OQTF）を確実なものにするために，不法移民の拘留期間を45日から90日まで延長することが定められている。これによって，外国人が有効な滞在許可証を持っていない場合の身分確認の時間の確

保，さらにはテロリストや犯罪者を誤って釈放しないよう出身国への照会確認や帰国手続のための十分な時間の確保を行うことが求められている。ⓒ高度人材の受け入れについては，2016年3月7日の法律で導入された「有能人材パスポート（passeport talent）」をイノベーション企業の従業員だけでなく，「フランスの影響力強化に参画する可能性の高い」すべての人に適用し，その居住期間を延長すること，さらには学生や研究者の受け入れと学生の卒業後の定着促進を図ろうとしている。

その後，マクロン政権による移民政策の方針は，2019年11月に「移民・難民・統合政策を改善するための20の決定（20 décisions pour améliorer notre politique d'immigration, d'asile et d'intégration）」として公表された。そこではⓐ「移民問題」を外交政策の柱とし，政府開発援助を2022年までにGDP比0.55％にまで高め，アフリカなど移民送り出し国の開発援助を支え，移民送り出しを抑制すること，ⓑEUとして国境管理のためにシェンゲン協定を見直し，EUとしての単一の移民政策を策定すること，ⓒフランス国内では，不法移民や難民の国内流入を抑えるために医療補助制度を制限的なものにすること，ⓓ労働人材が不足している産業分野ではクォータ制度を採用し高度人材の受け入れを推進することなどが記されている。

2022年の大統領選で再選された「共和国前進」のマクロン大統領は，2023年にこの決定を具体化するための移民・難民法案を準備しており，フランス語試験に基づく居住許可証の発行など，移民の社会統合のための措置の強化とともに，さらなる庇護申請の迅速化と強制退去の強化を図ろうとしていることが報じられている。

5　おわりに

国家権力の一元的強化と均質な市民の創出に基づき国民統合を果たすというフランスの国民国家モデルは，移民の社会統合政策においても「共和主義モデル」を採用し，アングロサクソン流の「多文化主義モデル」をエスニック集団のゲットー化であるとして批判してきた。

フランスにおける社会統合の「共和主義モデル」は，「フランスの坩堝」（G.

ノワリエル）と表現されることもある。それは，本来的に人種・宗教・性・階級の違いといった異なる属性をもつ人間（homme situé）がフランス共和主義の理念を通してフランス社会に統合されている状態を意味する。しかしながら，2005年のパリ郊外暴動事件などによって，移民第2世代・第3世代の現実は，「フランスの坩堝」の状況にはないことが誰の目にも明らかになった。教育条件や学業成績の低さといった教育の問題，都市暴力や非行といった郊外の問題，原理主義や過激なセクト，テロリズムといった治安の問題，イスラームとライシテ（非宗教性）をめぐる宗教の問題や男女平等の問題など，移民問題をめぐる課題は山積している。「共に生きる（vivre ensemble）」社会の構築は，フランスにおいても掛け値なしに困難な課題であり続けている。

【参考文献】
パトリック・ヴェイユ（宮島喬・大嶋厚・中力えり・村上一基訳）『フランス人とは何か─国籍をめぐる包摂と排除のポリティクス』（明石書店，2019年）
フランス憲法判例研究会編『フランスの憲法判例II』（信山社，2013年）
宮島喬『多文化共生の社会への条件─日本とヨーロッパ，移民政策を問いなおす』（東京大学出版会，2021年）

第4章

性的少数者と同性婚

1　はじめに：フランス，世界で14番目に同性婚法制化

　2013年1月13日，夕闇が迫る日曜のパリ。凍えるような寒さの中，数十万の群衆がエッフェル塔のふもと，シャン＝ド＝マルス公園に集結した。参加者たちは，成人男女と子ども2人のシルエットがデザインされた小旗等を手にしつつ，「われわれは婚姻制度を守る」「みんな男と女から生まれた」といったスローガンを連呼している。その2か月前にフランソワ・オランド大統領率いる左派政権が国会に提出した「同性カップルに婚姻を開放する法律案」に反対する団体「みんなのためのデモ（Manif pour tous）」が呼びかけたこのデモは，カトリック教会，野党第一党の保守・国民運動連合（現・共和党），極右・国民戦線（現・国民連合）の支持も受けつつ，法案撤回を政府に迫った。

　その2週間後の1月27日，同じパリで，今度は「みんなのための婚姻（Mariage pour tous）」，すなわちこの法案を支持する大規模なデモが行われた。この年の4月に発表されたある世論調査によると，同性婚法制化に賛成するフランス市民は53％に上る一方，同性カップルの養子縁組に反対する市民は56％。このように，この法案をめぐってフランスの世論は真っ二つに割れていたが，最終的に可決成立，憲法院の合憲判断を経て同5月19日に施行された。こうしてフランスは，世界で14番目に同性婚が法制化された国となったのである。

2　性的少数者差別解消への道のり

(1)　ヨーロッパにおける同性愛者の苦難の歴史
　2022年10月現在，同性婚を認める国・地域は33に上るが，その多くは西欧・北欧と南北アメリカの諸国に集中する。このデータだけを見ると「やはり欧米

は進んでいる」と思う向きもありそうだが，実のところ欧米諸国でも同性間の婚姻が承認されるのは今世紀に入ってからのことである。それ以前の欧米では，同性婚承認どころか，宗教的・道徳的理由から同性愛者は長らく差別・迫害の対象とされたのである。中には，同性間の性行為に刑罰を科す国さえあった。たとえば，イングランドでは1967年まで，ドイツでは1994年まで，男性間の性行為を処罰する法規定（いわゆる「ソドミー法」）が残存した（日本でも明治初期に「鶏姦罪」が存在していた時期があるが，ほぼ10年間で消滅している）。

　処罰されずとも，同性愛者は医学的に「異常」「狂気」「不完全」等のレッテルを貼られ，時には治療の対象にもされた。欧米では，そのような時代が概ね20世紀後半まで続いたのである。フランスでも，「婚姻は男女の結びつきである」ことを重視するカトリック教会の影響力が強かったこともあり，アンシャン＝レジーム下において同性間の性行為は死刑にも値する重罪とされた。

(2)　フランスにおける同性愛行為の非刑罰化

　革命期の1791年，フランスでは，ヨーロッパにおいてはいち早く同性愛行為が非犯罪化された。もっとも，その後も同性愛者に対する差別はフランス社会に根強く残り，19世紀には同性愛が精神疾患リストに列挙されている。しかし，性的行為に関する刑罰の面では，一部の例外を除き同性者間と異性者間の間で区別されることはなくなったのである。

　その数少ない例外の一つは，第二次世界大戦中，ナチス＝ドイツの傀儡・ヴィシー政権が1942年に制定した同性愛者に対する差別的な刑罰規定が，形を変えつつ戦後も長らく残ったことである。それは，15歳以上18歳未満の同性の（異性の場合は処罰されない）未成年に対する「わいせつまたは自然に反する行為」を軽罪として処罰した旧刑法典331条2項である。この規定は，1981年に当選した社会党のフランソワ・ミッテラン大統領の下，死刑廃止で知られるロベール・バダンテール司法大臣のイニシアティヴにより，精神疾患リストから同性愛が削除された後，廃止された（1982年）。

　この法改正の背景には，「私生活の尊重」への権利を保障するヨーロッパ人権条約（以下「人権条約」と記す）8条に照らし，成人男性間で合意の上で行われる私的な性行為に刑罰を科すことを禁じたヨーロッパ人権裁判所の判断

（1981年10月22日判決）がある。なお，フランスにおいて「私生活の尊重」への権利は，人権条約8条を国内法化するために定められた民法典9条によって保障され，後に憲法院によって人権宣言2条が保障する権利と位置づけられる（1999年7月23日判決）。また，「性行為の自由」を明文保障する法規定は，フランスには特に存在しないが，「夫婦間の性関係」は「法の一般原則，とりわけ第五共和制憲法前文が参照する第四共和制憲法前文」によって保障される「通常の家族生活を営む権利」の現れであるとの司法判断（パリ地方行政裁判所1990年12月20日判決）がある。

(3) フランスにおける性的少数者差別禁止と現状

　現在フランスでは，性的指向または性自認に基づくあらゆる区別は差別を構成するとされる（刑法典225-1条）。同様に，EU基本権憲章21条は，性的指向に基づくあらゆる差別を禁止する。とはいえ，現在のフランスで同性愛者を含めた性的少数者に対する差別が根絶したわけではない。

　フランスの代表的な性的少数者支援団体「SOSホモフォビア」の2021年度版年次報告書によると，同団体に通報された性的少数者に対する差別行為の件数は，調査が始まった1993年の263件から年を追って増加し，同性婚が法制化された2013年には3517件に達した。その後一時減少したものの近年再び増加に転じ，2019年は2396件である。2020年は，おそらくコロナ禍による他者との接触機会の減少ゆえ1815件に減少したものの，在宅時間が増えたために逆に近所や家族・近親者からの差別行為が増加した。さらに，これらの差別行為の多くは私的空間で起きるため，その実態は把握されづらいとの指摘もある。

3　パックス：婚姻とは違う，新しいカップルのかたち

(1) パックスとは

　婚姻制度に準じ，あるいは同性婚の前段階とも位置づけられる制度として，同性カップルをも対象とする「パートナーシップ制度」がある。この制度は，デンマーク（1989年）を皮切りに，主に欧米諸国で導入された。フランスでは，「民事連帯契約に関する1999年11月15日の法律」（以下「パックス法」と記す）に

より，民事連帯契約（Pacte civil de solidarité），通称「パックス（PACS）」として創設され，民法典515-1条ないし515-7条に規定されている。それは，「異性であると同性であると問わず，2人の成人した自然人によって共同生活を組織するために締結される契約」（民法典515-1条）と定義される。このように，パックスの対象は同性カップルに限定されず，共同生活を営む異性カップルも締結可能である。そして，パックスを締結したカップルには，税制や医療等の社会保障について，あるいは住居の賃貸借，相続といった生活のさまざまな場面において法的優遇措置が提供されるのである。

パックスは，フランスにおいて初めて同性カップルを法的に承認する制度であり，創設時には社会全体に大きな論争を引き起こした。とりわけ反対派は，パックスが「税制面で不平等」「子どもの保護が不十分」との批判を展開した。パックス法の合憲性審査を託された憲法院は，若干の点について解釈留保を付しつつ，合憲判断をくだしている（1999年11月9日判決）。同判決において憲法院は，本法にいう「共同生活」という概念は「ただ利益の共同体を意味するものではなく，2人の人間の単なる同居を要請するにとどまらず」，「共通の住居の他に，カップルとしての生活を前提とする」と定義し，「私生活の尊重」にいう「私生活」の内容を明確化している。これに関連して，後に国務院は，適法状態にある外国人とフランス人との間で締結されたパックスがその外国人への滞在権付与につながることは否定しつつ，滞在許可証交付や国外追放措置の際には考慮すべき要素になると判示している（2001年6月29日判決）。

(2) パックス導入以降の動き

パックスは，現在フランス社会にすっかり定着した制度であるといえる。実際，近年の統計によると，パックスの締結数は年を追って増加し，数の面では婚姻に匹敵しつつある。具体的な数字を挙げると，制度が発足した1999年は婚姻の2％ほどだったのが，20年後の2019年には婚姻22万4740件に対しパックスは19万6370件に達し，実に婚姻の9割に迫っているのである。注目すべきは，パックスの多くは，同性間ではなく異性間で締結されていることである。たとえば，2019年の異性間のパックス18万8014件に対し同性間のパックスは8356件，つまり同性間のパックスは全体の約4％にとどまっているのである。まさに

パックスが，たんに同性カップルにとっての権利保障の枠組みにとどまらない，「婚姻とは違う，新しいカップルのかたち」と呼ばれるゆえんである。

4 そして同性婚法制化へ

(1) 世界の同性婚法制化の動き

　同性婚を論じる前に，フランスにおいて「婚姻の自由」は，憲法において明文上保障されてはいないものの，憲法院の判決により，人権宣言2条と4条によって保障される私的自由の構成要素であるとされている（2003年11月20日判決）ことを確認しておこう。なお，人権条約12条は「男性と女性は，婚姻適齢以降，婚姻し家族を形成する権利を，この権利の行使について規定する各国の国内法に従い，有する」と婚姻の権利を認め，ヨーロッパ人権裁判所も，同条を参照しつつ，加盟国がこの権利を実質的に制約または縮減するような立法をなすことは許されないと判示している（例：1986年10月17日判決）。したがって，同性婚法制化に際しての主な論点の一つは，この婚姻の自由が同性間にも保障されるか否かにあるといえる。

　同性間の婚姻を法制化する国は，今世紀以降漸増の傾向にある。その嚆矢はオランダであり（2001年），ベルギー（2003年），スペインとカナダ（2005年），南アフリカ（2006年），ノルウェーとスウェーデン（2009年）が続いた。ベルギーではさらに，2006年から同性カップルの養子縁組も認められている。そのような諸外国の動向も受け，フランスでも同性婚の法制化が議論されるようになる。特に2007年と2012年の両大統領選では同性婚とその養子縁組の是非が大きな争点としてクローズアップされ，フランス社会においてパックス創設時を上回るような活発な議論が展開された。

　その頃，民法典が同性婚を認めていないのは憲法違反であるとして，合憲性先決問題（QPC）の訴えが憲法院に提起されている（2010年）。これについて憲法院は，「立法者は，憲法34条により付与された権限の行使にあたり，家族に関わる法規範について，婚姻は一人の男性と一人の女性の結合であるとの原則を維持することによって同性カップルと異性カップルの間の状況の相違は取り扱いの相違を正当化しうると評価した」ことを確認し，このような「立法者の

評価に代えて自らの評価をおくことは憲法院の権限に属しない」として，その訴えを斥けた（2011年1月28日判決）。つまり，婚姻を異性カップルに限定することの当否の判断は国会の裁量権（立法裁量）に属し，同性婚を認めないことが直ちに違憲となるわけではないというのが憲法院の立場だったのである。

(2) フランスにおける同性婚法制化

2012年5月，同性婚法制化を公約に掲げていた社会党のオランドが大統領選に勝利した。その後，クリスティアヌ・トビラ司法大臣のイニシアティヴの下，同性婚を認める法案が2012年11月7日の閣議決定を経て国会に提出された。この法案は，本章の冒頭でも紹介したように激しい論争を呼び，国会での可決成立の後，その合憲性審査が憲法院に付託された。そして，憲法院は，本法案に対し解釈留保付きの合憲判断をくだしたのである（2013年5月17日判決）。

同判決において憲法院は，従来の法制度は「婚姻を男女の結合とみなしていた」が，婚姻に関するこのような規範は「基本権および基本的自由にも，国民主権にも，公権力の組織にも関わらない」がゆえ，「1946年憲法前文1項の意味における共和国の諸法律によって確立された基本的諸原理を構成するものではな」く，同性婚承認に対する憲法上の障害はないと述べた。そして，もう一つの大きな争点である「同性カップルの養子縁組」について，「養子縁組の認定に関する諸規定は，異性カップルであれ同性カップルであれ，各事案において行政当局が，第四共和制憲法前文10項が含意する子の利益との合致という要請が尊重されていることを確認せずにその認定を交付することを導きえない」，つまり養子縁組の認定にあたっては「子の利益が尊重されなければならない」との解釈留保を付した上で，同性カップルにもそれを認める判断をくだした。これは，養子縁組許可の可否は子の利益に応じて決せられるべきであり，両親の性的指向にのみ基づいて決定されてはならないとしたヨーロッパ人権裁判所の判断（2008年1月22日判決）とも軌を一にするものである。

この憲法院判決の後，本法は大統領の審署を経て5月19日に施行，ここに同性婚法制化がフランスで実現するに至った。現在，フランスの婚姻総数22万4740件のうち6272件（2019年），つまり婚姻全体の約3％が同性婚である。

5 「同性婚法制化」以後と今後の課題

(1) 同性婚法制化の影響

フランスでの同性婚法制化実現後，関連して，市町村の身分吏，首長，助役の同性婚承認拒否を可能とする「良心条項」の欠如は1789年人権宣言10条と第四共和制憲法前文5項から導き出される「良心の自由」の侵害か否かが問われた。この点について憲法院は，「良心条項」の欠如は違憲ではないと判示している（憲法院2013年10月18日判決，国務院2015年12月18日判決も参照）。

さらに，同法は，外国人の権利と婚姻のためのビザ認証に新たな可能性をもたらした。たとえば，EU域内においては，適法に婚姻をなした同性カップルの配偶者の入国拒否は許されない。実際，EU裁判所は，2004年4月29日の指令の意味において，「配偶者」という概念は「ジェンダーの観点において中立であるがゆえ，EU市民たる同性の配偶者を包含しうる」と判示している（2018年6月5日判決）。また，フランスにおいては，その出身国の法制度が同性婚を認めていない外国人とフランス人の同性婚は認められる。たとえば，破毀院は，フランスと，同性婚を認めていないモロッコとの間の条約のうち，フランスの公序と明らかに両立しえない規定はフランス人とモロッコ人の同性婚の障害とはなりえないと判示している（2015年1月28日判決）。

(2) 今後の課題

最後に，同性カップルの医療介助生殖と代理母出産という手段の利用可能性について触れておく。2022年現在，女性カップルの医療介助生殖はフランスを含めいくつかの国において認められている。他方，男性・女性いずれのカップルも対象とする代理母出産承認の是非について，フランスでは全国倫理諮問委員会にその検討が委ねられた。そして，同委員会は，生命倫理法改正に寄せた第129意見書（2018年9月18日採択）において，「代理母出産禁止を正当化する諸原則，立法者によって援用された諸原則，すなわち，人間の尊重，女性搾取の拒否，子をモノ扱いすることの拒否，人体と人間の不可処分性に依然として愛着を有」し，「それゆえ，倫理的な代理母出産は存在しないと考え，当委員会は，

それを要求する者の医療上または社会生活上の動機がいかなるものであれ，その禁止の維持と強化を望む」と結論づけている。しかしながら，これらの承認を求める声も強く，引き続きこの問題はフランスにおいて活発に議論され続けるだろう。

6　おわりに：「差別禁止」どころか「理解増進」さえままならない日本

　以上，フランスにおける性的少数者の権利について，主に同性婚法制化への道程と現状を軸に見てきた。一般に「LGBTQ+」と称される性的少数者の数は，日本では全人口の1割前後と推測されているが，この数字は日本人に占める左利きの割合とほぼ同じである。そう考えると，たしかに「少数派」ではあるが，決して稀な存在ではないということがわかる。それにもかかわらず，そのような認識が広く共有されていないのは，今の日本社会において性的少数者が不可視の存在になっているからに他ならない。もちろんカミングアウトの強要やアウティングは絶対に許されない行為だが，現況は決して健全とはいえないだろう。このような社会を変えるべく，日本でも性的少数者差別禁止立法が目下議論されているが，2022年現在，「差別禁止」法どころか「理解増進」法さえ成立のメドが立っていないのが現実である。そのような日本の状況を考えるにあたり，日仏間の社会的・精神的背景の相違（その最たるものの一つは，フランスにおけるキリスト教やユダヤ教，そして今や信者数ではフランス第2の宗教であるイスラーム教の影響力の大きさ）は無視できないことは留意しつつ，フランスの事例が参考になる面は少なくないと思われる。

【参考文献】
大島梨沙「フランスにおけるカップル形成と法制度選択」比較家族史学会監修『家族研究の最前線2―出会いと結婚』（日本経済評論社，2017年）143-165頁
齊藤笑美子「婚姻・家族とフランス憲法」辻村みよ子編集代表『講座　政治・社会の変動と憲法―フランス憲法からの展望〈第Ⅱ巻〉　社会変動と人権の現代的保障』（信山社，2017年）123-146頁
イレーヌ・テリー（石田久仁子・井上たか子訳）『フランスの同性婚と親子関係―ジェンダー平等と結婚・家族の変容』（明石書店，2019年）

第 5 章

生命倫理と法的枠組み
──生命の始期と終期をめぐる問題──

1　はじめに

　生命倫理分野では，臓器移植，遺伝子治療・検査，胚研究，生殖補助医療あるいは終末期医療など，主に，人の生と死が関わる分野で発生する問題を扱う。たとえば，臓器提供について何ら意思表示をしていなかった人が脳死状態になった場合に家族の同意のみで臓器を摘出できるか，遺伝子検査で重篤な遺伝病に罹患していることが分かった患者は，同じ病気を発症する可能性のある血縁者に告知すべき義務を負うか，研究目的でヒト胚を人為的に作成することは認められるか，子宮のない女性に代わって代理母が当該女性と遺伝的つながりのある子を産むことは認められるか，意思表示できない患者に対する延命治療の中止を医師が決定できるか，といった問題は，どこの国でも起こりうるものである。ただし，具体的にこれらの問題にどのように対処するかは，国や地域によって，法制度はもとより宗教観・倫理観や文化的背景などが異なることもあり，一様ではない。加えて，科学技術の進歩は日進月歩であり，新たな技術が開発され利用されるたびに想定外の問題が発生することもある。生命倫理に関して，わが国では，いわゆるクローン技術規制法や臓器移植法，そして令和2年に成立した生殖補助医療法といった，限られた事項に関して個別法が制定されるにとどまっており，あとは各省庁が出す指針や学会の会告・ガイドラインなどのソフト・ローで対処している。これに対して，フランスは，生命倫理法や複数の終末期医療関係法をはじめとする多くの立法を制定し，この分野をハード・ローで規制する仕組みを徹底してきた国である。いわば，これまでの日本とは真逆の発想であるといってもよい。本章では，フランスにおけるこうした生命倫理法の枠組みを概観することによって，フランス法独自の特徴を解き明かすことにしたい。

2 生命倫理の基本原則

　現在，フランスは，生命倫理に関わる分野について多くの立法をもつが，憲法制定時からこのことが想定されていたわけではない。以下では，この分野で基本原理が確立されるに至った経過を簡単に辿ることにする。

(1) 憲法上の基本原理

　憲法と生命倫理との関係という視点から見ると，まず，第五共和制憲法そのものには生命倫理に関連する明文の規定はない。世界で初めて体外受精児が生まれたのが1978年であることに鑑みれば，現行の1958年憲法制定時に生命倫理に関する規定が盛り込まれなかったこと自体は不思議ではない。現実には，フランスでも，戦後から生命倫理に関わる問題（とりわけ，臓器移植，人体に関する研究，中絶など）は発生していた。ただし，そのつど別個の法律を作ることで対応するという手法がとられ，特に憲法と生命倫理の関係が問題にされることはなかった。この流れを変えるきっかけを作ったのが，生命倫理に関わる分野について包括的にルールを定める1994年の生命倫理三法（後述）である。3つの法律のうちの2つについて，事前の合憲性審査を付託された憲法院は，1994年の判決の中で，初めて憲法と生命倫理との関係に言及した。具体的には，1946年憲法前文の冒頭部分，すなわち「人間を隷従させ堕落させることを企図した諸体制に対して自由な人民が獲得した勝利の直後に，フランス人民は，すべての人が人種，宗教，信条による差別なしに譲り渡すことのできない神聖な諸権利をもつことを，あらためて宣言する」という箇所から，「あらゆる形態の隷属および退廃に対する人間の尊厳の擁護」という憲法的価値のある原理が導き出せることが示された。さらに，憲法院は，この「人間の尊厳」の原理を構成する要素として，4つの原則，すなわち，ⓐ人間の優位性，ⓑ生命誕生時からの人の尊重，ⓒ人体の不可侵性・完全性とその非財産的性格，およびⓓ人類の完全性の各原則を列挙している。実際にこれらの構成要素は，生命倫理法の基本原則として民法の条文に組み込まれている。

　このように判例の中で憲法的価値を認められた「人間の尊厳」の原理は，そ

の後，生命倫理法の改正法が合憲性審査に付託される際には必ず憲法院によって援用されてきた。このことだけを見れば，フランスでは，「人間の尊厳」という憲法上の原理を基盤とする生命倫理法体系ができあがったということも可能かもしれない。しかし，「人間の尊厳」の原理の中身についてはこれまでの判例でも明確化されておらず，抽象的な議論にとどまっている。具体的に生命倫理法の改正案が国会で議論される場合にも，憲法が引き合いに出されることは少ない。むしろ，実際に，フランスの生命倫理分野における法整備の過程に大きな影響を与えているのは，ヨーロッパ人権条約である。

(2) ヨーロッパ人権条約の影響

　ヨーロッパ人権条約の枠組みでは，同条約8条が言及する私生活（vie privée）の概念の中に個人の自律が含まれることを根拠として，個人が生殖や死に関して決定をくだす権利が，特に2000年以降のヨーロッパ人権裁判所（以下，人権裁判所という）の判例を通じて認められてきた。同条の射程の拡大傾向が続く中，ヨーロッパ人権裁判所による条約違反宣告が，フランス国内法や判例に直接的な影響を及ぼすようになる。国内法の規定が変更された例としては，「子の出自を知る権利」に関わる問題がある（詳細については後述）。他方で，人権裁判所の判例がフランス国内裁判所の判例に変化をもたらした例としては，性転換者の性別記載変更が挙げられる。1992年以前は，破毀院は「人の身分の処分不可能性」の原則を根拠に，性転換に伴う身分簿上の性別の修正を認めていなかった。このような判断について，1992年3月25日に人権裁判所が，人権条約違反にあたるとの判断をくだしたことから，その後，破毀院総部会は判例を変更するに至った。すなわち，ヨーロッパ人権条約8条およびフランス民法9条から導き出される「私生活を尊重される権利」を根拠に，身分簿上，変更後の性別に修正することは認められるとしたのである。このように，かつてフランスの生命倫理法の柱であった諸原則が，ヨーロッパ法の影響によって，「揺らぎ」の段階に突入していることは注目すべき点である。

3 生命の始期および終期に関わる法的枠組み

近年の科学技術の飛躍的な進歩により，一方で，人がこの世に誕生する前の胎児，胚あるいは受精卵の段階から，人為的な介入が可能となり，他方で，医療技術の発展により，今まで救命できなかった命が救えるようになったり，延命したりできるようになった。こうした技術は社会に恩恵をもたらすと同時に，新たな法的問題を惹起し，さらにそれらを複雑化させている。フランスは，こうした問題に対処するため，1990年代から法律の制定に着手してきた。具体的には，一方で，1994年に端を発する，主として生命の始期に関わって生じる問題を扱う生命倫理法と，他方で，患者の治療拒否権や治療中止手続について定める終末期医療関係法である。

⑴ 生命の始期

フランスで，人の生命の始期に関して生じる諸問題に対処するために本格的に整備されたのが，1994年の生命倫理三法である。具体的には，「記名データ保護法」，「人体尊重法」および「人体要素・産物の提供および使用，生殖に対する医学的補助，出生前診断に関する法律」の３つからなる。これらの法律により，先述した「人間の尊厳」の原理を構成するとされている４つの原則，すなわち，ⓐ生命誕生時からの人の尊重，ⓑ人間の優位性，ⓒ人体の不可侵性と非財産的性質およびⓓ人類の完全性という各原則が民法の中で明文化された。

① **生殖補助医療に関する法制度の特徴**　具体的に，生命の始期に最も深く関わる技術としては生殖補助医療がある。そこで，生殖補助医療をめぐって生じる法的な問題にフランス法がどのような対応をしているかという視点から特徴をいくつか指摘することにしたい。

第１に，立法者が，そのつど改正に相当の時間をかけながらも，医療技術の進展と社会における価値観の変化に応じて，生殖補助医療の利用に関わるルールを修正してきたという点である。1994年の生命倫理三法については，2004年，2011年および2021年に大規模な改正が実施されてきた。毎回の改正作業は，そのつど多くの論点が提示され，また生命倫理三部会の開催により市民が改正過

程に関与したこともあって，必ずしもスムーズに実施されてきたとはいえない。それでも立法者は改正法の制定にこだわり，ルールの明文化に努めてきた。まず，フランスでは，生殖補助医療として認められる技術が法律の中で限定されている。具体的に対象となるのは，体外受精（胚移植を含む），生殖細胞・配偶子・胚の保存および人工授精のみである（代理懐胎は含まれない）。さらに，1994年法の段階では，これらの生殖補助医療技術を利用できる者が，医学的に不妊であると診断されたカップルに限定されていた。しかし，2013年の「万人のための婚姻法」の成立により同性カップルの婚姻が認められたり，パートナーを得ることなく子をもつことを望む独身女性が増えたりするなど，家族の概念に対する人びとの捉え方が多様化したことをうけ，2021年の改正によって対象となる利用者の拡大が図られた。すなわち，1994年法の定義を変更し，生殖補助医療をもっぱら「親になる計画」を有する人たちに応えるための技術であるとすることで，独身女性や女性カップルなど，医学的には不妊ではない（が，子をもつことができない）人びとにも適用を広げたのである。

　他方で，このように生殖補助医療の中身と対象を法文で明確化することは，同時に，利用が認められない技術との線引きを行うことにもつながる。たとえば，フランスでは，現在も，民法の規定により代理懐胎契約は無効となる。したがって，男性カップルの場合，婚姻は可能であるが，フランス国内で代理懐胎を利用することはできないため，いずれか一方のパートナーと生物学的つながりのある子をもうけることはできない。また，女性カップルの一方パートナーから卵子を提供された他方女性パートナーが，第三者から精子提供を受けて妊娠・出産することも認められていない。加えて，男性パートナーの死亡後に，凍結保存していた精子を用いて子をもうける「死後生殖」も禁止されている。

　②　**生殖補助医療で生まれた子の権利**　　生殖補助医療に関わるルールを策定する際に発生する困難さの一つに，当事者の中に，技術の提供者たる医療者とその提供を受ける「親になりたい」人に加えて，子が含まれるという点が挙げられる。生殖補助医療の利用により生まれた子は，自分の出生の方法を選ぶことも，親を選ぶこともできないにもかかわらず，通常の生殖過程を経て生まれた子とは異なる特殊な状況におかれる。

　まず問題となるのが，親子関係である。たとえば，第三者からの精子提供で

生まれた子の場合，生物学上の父（精子提供者）と養育の父という，2人の異なる父をもつことになる。生命倫理法は，このようなケースについて，提供者と生まれた子の間には，一切，法的親子関係は構築されない旨を規定している。また，代理懐胎から生まれた子の親子関係も問題を惹起する。先述のようにフランス国内では，代理懐胎契約は無効であるが，海外で代理懐胎を利用して子をもうけることまで禁止されているわけではない。そこで，海外で実施された代理懐胎で生まれた子とフランス人依頼夫婦との親子関係が問題となる。この点に関して，これまでフランス民法上には規定がなく，長い間，裁判で争われてきた。当初，破毀院は，外国で合法的に行われた代理懐胎であることを理由に当該国法上は有効と認められる親子関係についても，それをフランス国内法上も有効であると解することはできないと判断していた。しかし，このような判断はヨーロッパ人権条約と相容れないとして，2014年にフランスが人権裁判所から違反宣告を受けたこともあり，破毀院は，生物学的つながりがある子との間の親子関係を認めるべく判例を変更した。その後，2021年法により民法が改正され，海外で取得した親子関係の証明書をフランス国内法上で書き換える場合には，民法47条に基づき「フランス法に照らして」判断されることになった。これにより，たとえば，夫の精子と第三者から提供された卵子で作成された受精卵を用いて，海外で代理懐胎により子をもうけた場合，フランス法上も，少なくとも生物学的つながりのある夫（父）との親子関係は認められることになった（ただし，子と生物学的つながりのない依頼者（かつ養育）たる母とは，たとえ，外国では親子関係が認められていても，フランス法上，当然には親子関係は認められず，別途，養子縁組の手続が必要となる）。

　フランスでは，子の出自を知る権利についても，長い間，議論が交わされてきた。生命倫理法は，配偶子は匿名で提供されることを原則にしているため，第三者の提供精子を用いた非配偶者人工授精から生まれた子は，自身の生物学上の父について知る権利を与えられていなかった。これに対して，フランスで，匿名出産から生まれた子には一定の条件を満たす場合に出自を知る権利を認めるとする法改正が行われていたこと，およびヨーロッパ人権裁判所の判例の中で，子の出自を知る権利の保障が拡大されたことを受けて，提供配偶子から生まれた子の出自を知る権利も明文で保障されることになった。すなわち，2021

年法により，生殖補助医療で生まれた子は，18歳以降，配偶子の提供者の身元に関する情報，あるいは身元を特定できない範囲の情報について，開示を請求できることになった。ただし，生殖補助医療で子をもうけた親に，その事実を子に知らせる告知義務は課されていないため，出生の秘密を自ら明かそうとしない親のもとに生まれた子は，事実上，出自を知る権利を行使しえないなど未解決の問題も残されている。

　以上のほかにも，生命倫理法は，臓器移植，出生前診断・遺伝子検査，胚研究などについても規定しており，同法の射程はきわめて広い。各項目に特徴的な点としては，臓器移植に関してはオプトアウト方式（提供を拒否する意思表示が予めなされていない限り，提供する意思があるとみなされる「推定同意（consentement présumé）」方式）が採用されていること，出生前診断のうち着床前診断を利用することで，病気の兄姉と HLA 型が適合する「治療薬としての子（あるいは，二重の希望を背負った子）」が生まれることを目的とした受精卵の選別を認めていること，遺伝子検査の結果，治療や予防可能な疾患に罹患していることが判明した場合に受検者に対して血縁者への告知を義務づけていること，および国の機関による許認可制の下で胚研究の実施が認められていることなどが挙げられる。

(2)　生命の終期

　フランスでは，2000年以降，生命の終期における患者の権利や医師の義務等について，上述の生命倫理法とは別の法律による枠組みが段階的に整備されてきた。その特徴を端的に指摘するとすれば，一方で，事前指示書への拘束力の付与や持続的な深い鎮静を受ける権利の保障など，（終末期）患者の権利の保障を強化すると同時に，意思表示できない患者の治療の中止・差し控えの最終決定権を，合議手続を経ることを条件に医師に与えるなど，医療者の役割に着目した手続が導入されている点が挙げられる。

　①　**終末期医療に関する法制度の特徴**　　終末期医療に関わる主たる法律としては，「病者および保健制度の質に関する2002年3月4日の法律（クシュネール法）」，「病者の権利および終末期に関する2005年4月22日の法律（レオネッティ法）」，さらに「病者および終末期にある者のための新たな権利を創設する2016

年2月2日の法律（クレス・レオネッティ法）」が挙げられる。これらの法整備によって，現在，フランスでは，一方で，患者に対して，生命の終期に関わるさまざまな決定をくだす権利を付与し，他方で，法定の条件を遵守して行われた治療の中止や差し控えといった行為については，医師の責任は問わないとする枠組みが確立されている。なお，フランスでは，ベネルクス三国で認められているような，医師が患者に致死薬を直接投与する積極的安楽死や，医師が患者に致死薬を処方し，それを患者が服用する介助自殺は認められていない。

　②　**終末期患者の権利**　　終末期にある患者の権利を検討する際に重要となる論点として，患者の治療拒否権の問題が挙げられる。公衆衛生法典には，終末期にあるか否かにかかわらず，すべての人が治療を拒否する権利を有することが規定されている。この権利は，治療拒否によって本人の生命が危機に晒される場合も保障される。ただし，その場合，医師は，治療拒否がもたらす結果の重大性について本人に十分に説明しなければならず，本人も拒否の意思表示を繰り返し行う必要がある。あらゆる治療が拒否の対象となり，たとえば，患者は，当該治療が「不合理な執拗さ（obstination déraisonnable）」（いわゆる，無益な延命治療）にあたらなくても拒否できる。なお，治療拒否によって患者に苦痛が発生する場合には緩和ケアが施される。

　より複雑な法的な問題が発生するのは，患者がこのような拒否の意思を表示できない場合の治療中止・差し控えの問題であろう。特に，「原因を問わず，重篤かつ不治の疾患の進行期または末期」と法律上定義される終末期にある患者の場合，治療の中止や差し控えは死に直結するから，その決定はきわめて重大な意味をもつ。フランスではこのような場合に医療者が取るべき手順が明文で詳細に決められている。まず，医療者は，患者の意思を推定するように努めなければならない（最初に事前指示書を確認し，これがない場合には，信任者を通じて，また信任者も指名されていない場合には，家族または近親者を通じて患者の意思を推定する）。事前指示書には一定の法的拘束力があるため，これが作成されている場合には，原則として医師は指示書に従う義務を負う。次に，治療が「不合理な執拗さ」に該当する場合には，法定の合議手続を経た決定に基づき，中止または差し控えられることになる。

　このように，法文上は，治療の中止・差し控えの際には何よりも患者の意思

が尊重されている。このことは，患者が意思表示できない場合でも，事前指示書や信任者，家族などを通じて，患者の「意思を推定」すべく手続が進められる点からも読み取れる。換言すれば，信任者や家族・親族は，患者に代わって決定する者ではなく，あくまで患者の意思の代弁者と位置づけられているにすぎない。また，治療の中止や差し控えの決定に先立ち，複数の医療関係者が関与する合議手続を義務づけることによって，手続の透明性と決定内容の公正さを担保しているという点も特徴的である。

　他方で，終末期の患者にとって，苦痛から解放されることは最大の関心事である。フランス法は，この点に関しても明文の規定をおいている。まず，あらゆる人に対して，苦痛を緩和するための治療やケアを受ける権利が保障されている。とりわけ終末期には，こうした苦痛緩和措置は，たとえ副次的効果として患者の生命を短縮させることがあっても認められる。さらに，この緩和ケア・治療を受ける権利を根拠として，一定の条件を満たす場合に，患者は，死に至るまでの「持続的な深い鎮静を受ける権利」を行使することができる。基本的に，このような鎮静は，現に患者が治療抵抗性のある苦痛に苛まれているか，治療中止により患者にそのような苦痛が発生することが予測される場合に実施される。ただし，持続的な深い鎮静を実施すれば，患者は死に至るまで意識レベルを下げられた状態におかれ，言語的および非言語的コミュニケーションをとることができなくなるから，医療者は必ず事前に合議を行い，法定の条件が満たされているか否かを慎重に判断することになっている。

4　おわりに

　フランスでは，生命倫理法が介入する分野（臓器移植，配偶子の提供，生殖補助医療，遺伝子検査・出生前診断，胚研究）については，法律の規定の実効性を担保するために，生物医学庁（Agence de la biomédecine）が創設され，必要に応じて，同機関が，生殖補助医療を提供する機関や研究の実施機関に許認可を与えたり，関連する市民への情報提供を適宜行ったりしている。さらに，生物医学庁の決定に対する不服が行政訴訟を通じて争われるケースも増えている。また，終末期医療に関しても，とりわけ，医師がくだした治療中止決定の適法性

について裁判所で争われる事例が徐々に増加しており，そこで積み重ねられてきた判例上のルールが，その後の改正作業に影響を与えた事例もある。もちろん，生命倫理分野でかなり充実した立法をもつフランスであっても，すべての問題を解決できているわけではない。しかし，少なくとも，以上の概観からは，立法による枠組みの整備，監督機関の設置および裁判所による統制という3つの視点から，生命倫理に関わる法的問題と正面から向き合おうとするフランス法に顕著な傾向を読み取ることができるだろう。

【参考文献】

小門穂『フランスの生命倫理法　生殖医療の用いられ方』（ナカニシヤ出版，2015年）

小林真紀「生命倫理」「1994年生命倫理法判決」「2004年生命倫理法判決」フランス憲法判例研究会編『フランスの憲法判例Ⅱ』（信山社，2013年）95頁以下

第6章

環境問題と環境法・環境権

1 はじめに：「マクロンを外せ」

　2019年2月21日の朝。観光客でにぎわうパリ中心部，パンテオン広場に面した5区の区役所に環境保護団体「非暴力行動＝COP21」のメンバー約20名が侵入，ホールに掲げられていたエマニュエル・マクロン大統領の肖像写真を外して持ち出すという事件が発生した。その現場で，彼らは「気候，社会正義，マクロンを連れ出そう」と書かれた横断幕を掲げ，マクロン政権は気候変動問題に真摯に取り組んでおらず，同政権が掲げる「地球を再び偉大に」というスローガンに行動が伴っていないと訴えた。この後，同様の事件がフランス全土で頻発，各地の市区町村役場から大統領の肖像写真が次々に持ち出された。

　2017年の発足以来，マクロン政権は気候変動対策を主要課題の一つに掲げ，温室効果ガス排出削減等のための国際枠組みであるパリ協定（2015年採択）の議長国として，これを国際社会においてフランスの存在感を示す契機と位置づけていた。そして，同協定離脱を表明していた当時の米トランプ政権を尻目に，2019年8月に同国のビアリッツで開催される先進国首脳会議（G7サミット）においても開催国としてその議論をリードする腹積もりでいた。その矢先，この事件は，マクロン政権に足元から鋭い批判を突きつける形となったのである。

　気候変動対策も含めた環境保護は，今や人類が直面する最重要課題の一つであるといってもよい。この課題にフランスはどのように向き合ってきたのだろうか。

2 フランスにおける環境法の誕生と発展

(1) 環境法の誕生

　フランスにおける環境法の萌芽は，古くは「有害または非衛生的な製造所と作業所」(1810年10月15日の帝国勅令)，あるいは「危険な施設」(1825年2月9日の王令) の設置を行政の許可制の下においたことに見出される。これらの規制は後に「危険，有害，または非衛生的な施設の規制を定める，および大気汚染に関する1917年12月19日の法律」に統合される。20世紀に入ると，自然の景観や歴史的記念物を保護する法律がつくられ，後に「天然記念物，および芸術的，歴史的，科学的，伝説的，または趣のある景観の保護を組織することを目的とする1930年5月2日の法律」に結実する。

　第二次世界大戦後のフランスの高度経済成長と工業化の進展は，負の作用として自然環境の悪化をもたらし，それまでの経済一辺倒の社会のあり方に深刻な反省を迫った。また，この時期のフランスでは，1968年の「五月革命」に象徴される，既存の社会秩序や体制に対する根本的な異議申立ての動きが若い世代を中心に沸き起こり，その文脈において環境保護運動も拡大した。その動きと歩調を合わせるように，環境法も整備されてゆくのである。

　そもそも英語に由来する「環境 (environnement)」という単語がフランス語に定着するのは1970年頃といわれる。それまでのフランスでは「環境保護」よりも「自然保護」という表現の方が一般的であった。とはいっても，「環境」と「自然」は同義語ではなく，前者には「自然」環境以外に人工的な環境も含まれる。「環境」とはそれらの総体を包含する概念であり，広く人間生活を条件づけるものと定義される。

(2) 環境法の発展

　フランスにおける環境意識の高まりの背景としては，国際社会とヨーロッパにおける環境保護運動の大きなうねりも無視できない。その最初の大きな成果として挙げられるのは，1972年に国連人間環境会議で採択された人間環境宣言 (通称「ストックホルム宣言」) である。同じ1972年，パリで開かれたヨーロッパ

共同体（EC）の首脳会議における環境のための最初の行動計画策定の宣言（通称「パリ宣言」）は，ヨーロッパレベルにおける環境保護法制整備の実質的な出発点と位置づけられる。

こういった世界の動きも受け，フランスでは，1971年に環境省が設置され，環境影響評価制度を導入した「自然保護に関する1976年7月10日の法律」，続いて危険施設や有害施設を「指定施設」と定義し，その規制を定める「環境保護のための指定施設に関する1976年7月19日の法律」が相次いで制定される。これをもって，フランスにおける環境法の礎が固まったとされる。

その後，環境問題に関する意思決定プロセスへの市民参加に関わる「公開意見聴取の民主化および環境保護に関する1983年7月12日の法律」（制定当時の環境問題担当大臣補佐の名から「ブシャルド法」と称される），フランスに初めて予防原則を導入した「環境保護の強化に関する1995年2月2日の法律」（やはり制定当時の環境大臣の名から「バルニエ法」と称される）等が定められ，フランスにおける環境法は漸進的に整備，拡充されていった。

3　環境法・環境権の憲法化と法典化

(1)　「環境憲章」の制定

以上のように，世界の動きと概ね歩調を合わせて環境法が整備されてきたフランスだが，他のヨーロッパ諸国と比べると，環境保護の理念が憲法に組み込まれるのは遅かった。それが実現するのは，2004年の「環境憲章（Charte de l'environnement）」（以下「憲章」と記す）制定によってである。憲章は，後に2005年3月1日の憲法改正により第五共和制憲法前文に組み込まれた（憲法化）。並行して，この憲法改正により，憲法34条に「環境の保全」の基本原則が法律によって定められることが加えられた。

憲章は，前文と全10か条からなる簡潔なテキストである。それは，まず「環境が人類の共有財産であること」（前文）と，「各人は，均衡がとれ，かつ健康が尊重される環境の中で生きる権利を有する」（1条）ことを確認し，次いで防止原則（3条），汚染者負担（賠償）原則（4条），予防原則（5条）といった環境法の根本原則を定める。同様に，環境権保障のプロセスに関わる市民の権

利として，公的機関が保有する環境に関する情報にアクセスする権利と環境に
影響を与える公的決定の策定に参加する権利（情報へのアクセスと市民参加）を
確認する（7条）。

さらに憲章の重要な特徴として，すべての者に対して，環境の保全および改
善への参加（2条），環境に与えた損害の修復への貢献（4条），持続可能な発
展の促進（6条）といった義務を定めていることが挙げられる。このように，
環境保護に関しては公権力のみならず国民にも明示的に義務を課す点におい
て，憲章はフランス憲法史において新たな画期をなしている。その他，環境に
関する教育および人材養成（8条），研究および技術革新（9条）に言及し，最
後にヨーロッパと国際社会におけるフランスの行動に触れる（10条）。なお，
憲法院（2008年6月19日判決，2009年12月29日判決）と国務院（2008年10月3日判決）
も，「憲章が十全な憲法的価値を有する」こと，および「憲章が定める権利と
義務の総体は憲法的価値を有する」ことを確認している。

(2) 「環境法典」の編纂

憲章の制定に先立ち，従来の環境に関わる諸法律の法典化，すなわち「環境
法典（Code de l'environnement）」（以下「法典」と記す）の編纂作業が1989年から
始まった。まず2000年にオルドナンスによって立法の部が定められ，次いで
2005年から2007年にかけて命令の部が定められた。法典は全7編から構成され，
その冒頭において「陸海の種，資源，および自然界，それらを特徴づける音と
香り，景勝地，昼夜の景観，大気の質，水質，生物ならびに生物多様性は，国
民の共有財産である」こと，「この共有財産から生態系サービスと使用価値が
生じる」こと，および「生物学的プロセス，土壌，および地理的多様性は，こ
の共有財産の構成に資する」ことを確認している（L.110-1条）。

(3) その後の立法の動き

法典編纂以降の環境に関わる重要な立法としては，以下のものがある。まず
挙げるべきは，環境に対する国民の義務を定める「環境グルネルの実施に関す
る2009年8月3日の計画策定法律」（通称「第1グルネル法」）と「環境に対する
国民の義務を定める2010年7月12日の法律」（通称「第2グルネル法」）である。

次いで，世界有数の「原発大国」であるフランスにおいて，全発電量に占める原子力発電の割合を75％から2025年までに50％まで低減させることと温室効果ガス排出削減に関する野心的な目標を定めた「グリーン成長のためのエネルギー転換に関する2015年8月17日の法律」が挙げられよう。さらに，環境法の新たな諸原則を掲げた「生物多様性，自然および景観の回復のための2016年8月8日の法律」も重要である。

その他，「ヨーロッパ検察庁，環境裁判および専門的な刑事裁判に関する2020年12月24日の法律」により，各控訴院管轄区内の司法裁判所が一定の環境犯罪の裁判を行う「環境犯罪地域拠点(pôle régional des atteintes à l'environnement)」に指定されることになったことにも言及しておく（刑事手続法典706-2-3条）。これは，ますます技術化・複雑化する環境犯罪に対する刑事司法の専門化の動きの表れである。

4 国際法とEU法の影響

先述したように，戦後本格的な発展を遂げた環境法は，その性質上半ば必然的に，諸外国および諸国際機関との協調の下で整備されている。そして，そこには，国際法，EU法とフランスをはじめとする各国の国内法の相互作用が看取される。

(1) 国際法

環境に関する国際条約は多い。「気候変動に関する国際連合枠組条約」（1992年採択，1994年発効）もその一つである。また，環境に関わる情報への市民のアクセス，決定プロセスへの市民参加，司法へのアクセスを定めるオーフス条約（1998年採択，2001年発効）のように，主に手続面に関わる条約もある。なお，環境分野においては，「国際条約」という形で合意に至るのがしばしば困難であることから，「宣言」という形で採択されるケースもある。たとえば，環境と開発に関する国際連合会議（地球サミット）において採択された「環境と開発に関するリオ宣言」（1992年）はその一例である。

⑵ EU 法

　フランスの環境法を知るにあたり，EU 法を参照することは不可欠である。もともと，1957年に調印された欧州経済共同体設立条約と欧州原子力共同体設立条約（ローマ条約）には環境に関する規定は存在しなかった。それが同条約に明文規定されるのは，欧州単一議定書（1987年）によってである。そして，リスボン条約発効（2009年）後の現在，EU 法の環境に関する事項は主に欧州連合条約（EU 条約）（前文，3条3項および21条）と欧州連合の機能に関する条約（EU 機能条約）（11条および191条ないし193条）に収められている。それによると，環境分野における EU の任務の概要は「環境の質および世界の天然資源の持続可能な管理の保全および改善のための国際的措置の策定に貢献し，もって持続可能な発展を確保すること」（EU 条約21条2項f号）と定義され，また，その環境政策は「予防および防止行動の原則」，「発生源における環境に対する損害の優先的是正の原則」および「汚染者負担の原則」に基づくとされる（EU 機能条約191条2項）。

　関連して EU は，1973年以来数次にわたって「環境のための行動計画」を作成し，その環境政策の策定を導いてきた。2022年3月に EU 理事会で採択された第8次計画は，2030年までの環境政策の策定と実施を方向づけるもので，優先的なテーマ目標として「温室効果ガス排出削減」，「気候変動への適応」，「再生と両立する成長モデル」，「汚染ゼロという大志」，「生物多様性の保護と回復」，「環境に対する生産と消費の影響の削減」の6項目を掲げる。

5　フランス環境法の主要原則

　フランス環境法の主要原則としては，一般的に以下のものが挙げられる。

⑴　「持続可能な発展と統合」

　この原則について，憲章6条は，「公共政策は，持続可能な発展を促進」しなければならず，そのための公共政策は「環境の保護と開発，経済的発展と社会の進歩を調和させる」と規定する。同様に，法典 L.110-1条は，「持続可能な発展」という目標に関して，「気候変動対策」「生物多様性，自然界および天

然資源の保全，ならびにそれが提供するサービスとそれに付随する使用の擁護」「社会的一貫性ならびに地域間および世代間の連帯」「すべての人間の能力開花」「循環型経済への移行」という 5 つのコミットメントを掲げる。

(2) 「防止原則」

　法典 L.110-1 条 II 項 2 号は，「環境への侵害に対する，優先的に遡ってなされる防止と矯正の活動」という形で防止原則に言及する。あわせて，その手段として環境影響評価制度を定める (法典 L.122-1 条以下)。同様に，憲章 3 条は「何人も，法律で定める要件に従って，自己が環境に与えうる損害を防止するか，それができない場合は，その影響を抑制しなければならない」と宣明する。

(3) 「予防原則」

　この原則は，1995年に上記バルニエ法によって導入された。そして現在，憲章 5 条は，「科学的知見の現状から被害の発生が不確実であっても，環境に重大かつ不可逆的な影響を与える可能性がある場合は，公的機関は，損害の発生を回避するために，予防原則に基づき，かつその権限の範囲内において，危険評価手続を実施し，暫定的かつ比例的な措置を講じることを保障する」と述べ，この原則を確認している。

(4) 「情報へのアクセスと市民参加」

　憲章 7 条は，すべての者に対し，法律の定める要件と制約に従って「公的機関が保有する環境に関する情報にアクセスする権利」と「環境に影響を与える公的決定の策定に参加する権利」を保障する。同様に，法典 L.110-1 条は，前者については「すべての者は，とりわけ公的機関が保有する，環境に関する情報にアクセスする権利を有するという原則」(II 項 4 号)，後者については「すべての者は，意見を述べることが可能であり，それは管轄機関によって考慮されるという条件の下，環境に影響を及ぼす公的決定の計画について通知されるという原則」(同 5 号)を定める。この原則に基づいて「全国公開討論委員会」という独立行政機関が設置され，環境に大きな影響を及ぼす計画の策定プロセスへの市民参加が図られている (法典 L.121-8 条)。それと並行して，環境に関

する公開意見聴取制度も設けられている（法典 L.123-1 条以下）。

(5) 「汚染者負担（賠償）原則」

これは，環境汚染対策の費用は，汚染者自身が負担すべきという考え方のことである。フランスでは，この原則に基づいてさまざまな環境税が導入されている。なお，この原則は，バルニエ法では明文規定されているが，憲章における規定は「何人も，法律の定める要件に従って，自己が環境に与えた損害の修復に貢献しなければならない」（4条）といったもので，やや曖昧である。

(6) その他の新しい主要原則

上記2016年8月8日の法律により，法典 L.110-1 条 II 項 6 号ないし 9 号に「生態系に関わる連帯の原則」「持続可能な利用の原則」「環境，農業，養殖および森林の持続可能な運営の間の補完性の原則」「後退禁止の原則」が付加された。これらの原則は憲法上の価値を有するとはされていないものの，憲章に沿って解釈され，かつその射程は法律によって定められることとなる。

6 おわりに：「第三世代の人権」のこれから

以上，フランスにおける環境法と環境権の誕生，そして，その発展の足どりと現状を見てきた。このように，環境問題に対してフランス政府が決して何もやっていないわけではない。しかし，今のようなペースではたして「間に合う」のかという思いは，本章の冒頭で紹介した環境保護団体のメンバーたちだけのものではないだろう。

また，チョルノーブリ（チェルノブイリ）や福島の深刻な原発事故を想起するまでもなく，その性質上環境権という権利を真の意味で保障するには，一国単位の取り組みでは全く不十分であり，国境を超えた連携が不可欠である。さらに環境権には，従来の自由権や社会権とは異なり，環境に対する「国民の義務」が付随すると考えられる傾向が強い。実際，フランスの環境憲章も，憲法ブロックの一部でありつつ，公権力だけではなく国民の負うべき義務をも明文で規定している。これも，「第三世代の人権」と呼ばれる環境権の特徴である。

翻って，日本において環境保護や環境権を憲法上どのように位置づけるかという議論は，いまだ端緒についたばかりである。——たとえば，それは憲法13条が保障する幸福追求権の一部なのか，憲法25条が保障する生存権から導き出されるのか，それとも別の形で保障されるべきものなのか。あるいは，それはなんらかの義務，とりわけ世代を超えた義務を国民に課すものとして位置づけられるべきものなのか——。それぞれの問いが，人権論の根底的な見直しに及びうるものだといえよう。

【参考文献】

淡路剛久「フランス環境憲章について」『ジュリスト』1325号（2006年）98-107頁

イザベル＝ジュリエット・ジロドゥ（石川裕一郎訳）「フランスにおける環境権」『ジュリスコンサルタス』11号（2001年）29-43頁

日野辰哉「フランス環境法制の一断面―環境保護の強化に関する1995年2月2日の法律101号」『比較法学』110号（2003年）357-371頁

第7章

ライシテと宗教的自由

1　はじめに

　1958年憲法は，その1条において，「フランスは，不可分の，非宗教的（laïque）で，民主的かつ社会的な共和国である」と規定し，世俗性ないし非宗教性の原則，すなわちライシテ（laïcité）が共和国の基本原理に位置づけられている。ライシテは，もともとは国家と教会との分離，国家の宗教的な中立性を求めるものであったが，実際には，国家の行為を制約するのみならず，個人や団体の宗教的自由と衝突し，その行動を制約するものにもなっている。世俗的な共和国であるフランスにおいて，個人が，特定の宗教，教会，教団組織などに属していることを示す「シンボル」を公的な場に持ち込むことは許されないといった言説が，共和主義や普遍主義の立場から強く主張され，こうした行動を規制する法律が制定されてきた。その背景には，世論におけるイスラームに対する反感の高まりがあり，移民排斥を訴える極右勢力の台頭も影響している。本章では，フランスにおける国家と教会の関係を概観した上で，第三共和制以降のライシテの確立，そして，今日のフランス社会におけるライシテと宗教的自由をめぐる問題について取り上げることにしたい。

2　フランスとカトリック教会

(1)　フランク王国からアンシャン・レジームまで

　フランスは，いわば「カトリック教会の長女」として，古くからカトリック教会と特別な結びつきを有してきた。フランク人を統一しフランク王国を建国したクローヴィスは，ローマ人に信仰されていた正統アタナシウス派のキリスト教に改宗し，ローマ系住民の信頼を得ることに成功した。ローマ帝国の強大

な支配権が崩壊し，混乱した時代にあって，キリスト教は人心の動揺を鎮める拠り所であった。

　7世紀には，宮宰シャルル・マルテルが，トゥール＝ポワティエ間の戦いでイスラーム勢力の侵入を阻止。その子，ペパンは，ローマ教皇に王位を認められ，フランク王国の絶頂期となるカロリング朝を創始した。ペパンは，ラヴェンナ地方を制圧して，ローマ教皇に献上し，これによってローマ教皇領が成立した（ペパンの寄進）。さらに，ペパンの子，シャルルは，ローマ教皇レオ3世によって800年にローマのサン・ピエトロ大聖堂で西ローマ皇帝として戴冠されるに至り，西ヨーロッパに君臨する皇帝としての地位を教皇によって保証されることとなった。このシャルルの戴冠は，フランク王国とローマ・カトリック教会との強い結びつきを示す象徴的な出来事といえる。

　カトリック教会は，王権のみならず，人びとの日常生活にも深く浸透していた。教会は，教会裁判権をもっており，人びとは，封建領主の裁判権よりも，むしろ教会裁判権の方に好んで服する傾向があった。領主裁判権においては，不公平な扱いを受けることが多く，訴訟制度が完備していた教会裁判所の方が，合理的で公平だとされていたからである。教会法は，世俗法に対しても影響を与え，たとえば，利息付金銭消費貸借は，教会法の影響の下に禁止されていた。また，家族法分野では，カトリック教会が日本でいう戸籍事務をつかさどり，出生，婚姻，死亡などの身分変動はすべて聖堂区の主任司祭が管理する人名簿に登録されることになっていた。カトリック信者ではないプロテスタントやユダヤ教徒は，カトリック教会で挙式をしないので婚姻の登録ができず，適法に婚姻している夫婦とは認められなかった。そのため，生まれてくる子は私生児となり，親の財産は子に相続されずに国王や領主に帰属するという不利益を強いられた。

　宗教改革後，フランスでは，カルヴァン派の新教徒であるユグノーの勢力が増大したが，カトリックとユグノーの対立が激化し，16世紀後半に新旧両教徒間でユグノー戦争が勃発した。旧教徒によって新教徒が皆殺しにされた1572年のサンベルテルミの虐殺事件では，カトリーヌ・ド・メディシスが関与したといわれている。アンリ3世の暗殺によってヴァロア朝が断絶したのち，アンリ4世がブルボン朝を開き，1598年にナントの王令を発して両派の信仰の自由が

認められた結果，内乱は沈静した。しかし，ルイ14世は，1685年にナントの王令を廃止したため，再び多くのユグノーが国外逃避を余儀なくされ，フランスの産業や経済は大きな打撃を受けることとなった。

(2) フランス革命以後

フランス革命期の憲法や人権宣言には，信教の自由や宗教上の意見表明の自由が規定された。1789年宣言には，信教の自由そのものについての規定はおかれていないが，「何人も，自己の意見の表明が法律によって定められた公の秩序を害しない限り，たとえ宗教上のものであっても，その意見について不安を与えられてはならない」（10条）として，宗教上の意見表明の自由が明示された。その後，1791年憲法では，各人が信奉する宗教の礼拝を行う自由が規定され，1793年憲法や1795年憲法でも，宗教的行為の自由（礼拝の自由）が明示されている。

フランス革命期には，教会財産が没収され，競売にかけられた。1790年の聖職者民事基本法により，司教や司祭は世俗の選挙人から選出されるようになり，公民としての宣誓が要求された。アンシャン・レジーム下において教会が影響力をもっていた分野でも世俗化が進められた。1792年9月20日―25日の法律は，すべての身分変動に関する事務を市町村吏員（身分吏）の管轄とし，婚姻は純粋な民事契約として構成された。離婚については，教会法に基づく離婚不解消の原則が否定され，協議離婚や，性格の不一致を理由とする破綻離婚まで認められることとなった。キリスト教の倫理観に基づき私生児として蔑まれていた非嫡出子については，1793年11月2日の法律によってようやく待遇改善が実現し，身分占有を立証することにより法律上の親子関係が認められ，嫡出子と同等の相続権が付与されることとなった。

ナポレオンの時代においては，1801年9月10日，教皇との間でコンコルダ（世俗国家と教皇庁が結ぶ条約）が結ばれ，聖職者民事基本法は廃止された。カトリックが「フランス市民大多数の宗教」として公認される一方，プロテスタントのルター派とカルヴァン派，そして，ユダヤ教も公認された。他方で，政府が司教を任命し，カトリックの聖職者に俸給を支払うこととされた。

ナポレオン後の王政復古の時代には，カトリックの国教化が進められ，1816年5月8日の法律では，民法典が認めていた離婚が禁止され，法定事由による

別居のみが認められた。しかし，こうした動きは，かえって反教権主義をあおる結果となった。1848年の二月革命以降は，宗教の自由が尊重されるようになり，第二帝政期においてもコンコルダが維持された。

3　共和国の基本原理としてのライシテ

(1)　1905年の政教分離法

　ライシテが共和国の基本原理として確立されたのは，第三共和制期に制定された1905年の政教分離法によってである。「共和主義＝反教権主義」と「カトリック教会＝教権主義」との対立抗争が繰り返される中で，1901年に結社法が制定され，この法律によって修道院の設立は許可制となった。結社法以降，修道会系学校の認可申請が却下されるようになり，修道会の運営する無認可学校は閉鎖に追い込まれていった。そして，1905年12月9日に「諸教会と国家の分離に関する法律」，すなわち政教分離法が採択され，フランス政府と教皇との間で結ばれたコンコルダは破棄された。

　政教分離法は，「共和国は良心の自由を確保する。共和国は，公の秩序のために以下に定める制限の下でのみ，自由な礼拝を保障する」（1条）として，良心の自由と礼拝の自由を保障。さらに，「共和国は，いかなる礼拝に対しても公認を与えず，給与を支払わず，補助金を与えない」（2条）とし，公共施設での礼拝を確保するための施設付司祭を除いて，聖職者には俸給を支払わないこととした。カトリック中心の公認宗教制度は廃止され，国家の宗教的中立性の原則が打ち立てられたのである。

　教育の場でも非宗教化が進められた。かつて教育はカトリック教会や修道会によって担われていたが，1833年のギゾー法は，各市町村に小学校の設置を義務づけ，1879年にはすべての県に師範学校の設置が義務づけられた。1881年には小学校教育が無償化され，1882年には義務化，非宗教化されたほか，1886年には小学校教師は非聖職者に限られることとなった。

(2)　憲法典の中のライシテ

　ライシテは，第四共和制および第五共和制においては，憲法典にも明記され

る原則となっている。1946年憲法は，その１条で，フランスは「世俗的で，民主的かつ社会的な共和国である」と宣言し，前文13項には「国家は，子どもおよび成人に対して，教育，職業養成および教養についての機会均等を保障する」とした上で，「すべての段階での無償かつ非宗教的な公教育の組織化は，国家の責務である」ことが規定され，公教育の宗教的中立性の原則が示された。

　1958年憲法でも，「フランスは，不可分の，非宗教的で，民主的かつ社会的な共和国である」と規定され，ライシテが共和国の基本原理であることが示されている。1958年憲法によって設置された憲法院は，憲法規範としての性格をもつ憲法ブロックの中に，1905年法で確立された政教分離原則を「共和国の諸法律によって承認された基本的諸原理」として取り込み，この原則が憲法規範としての価値をもつに至っている。1959年12月31日の法律は，カトリック系中心の私立学校への公的補助を認め，1987年７月23日の法律は，宗教団体に対する税制の優遇措置を定めているが，1905年法以来の原則は基本的に維持されている。

４　ライシテとイスラーム

⑴　1989年のスカーフ事件

　国家の宗教的な中立性が求められるのは，それによって個人や団体の信教の自由の保障が実現されるからである。しかし，実際には，ライシテと個人や団体の信教の自由との衝突も起こりうる。とりわけ，内面の信仰だけでなく，信仰実践としての信者個人の行動が表に出てくるイスラームの問題が，フランスのムスリム人口の増加に伴って顕在化することとなった。

　現在，フランスでは，人口の１割弱をムスリムが占めているといわれ，2000か所以上のモスクが存在している。聖典『クルアーン』には，信者の女たちはヴェールを胸の上まで垂らすことが定められていて，ムスリムの女性たちは，頭から全身を覆うブルカやニカーブ，頭髪と顔を覆うヴェール，頭髪のみを覆うスカーフなどを被っている。こうしたムスリム女性の被り物をめぐり，公共の場での着用がライシテに照らして許されるかどうかが議論されてきた。

　1989年，パリ郊外の公立中学校で，スカーフを着用して登校しようとした３人のムスリム女子生徒に対して，校長がこれを取るように命じたところ，生徒

たちが拒否したため，授業を受けさせず，退学問題に発展した事件が発生した。この事件について，国務院は，基本的に女子生徒の宗教的自由を尊重する判断をくだしつつ，プロパガンダになるものは認めないとした。しかし，スカーフの着用を認めた国務院の判断をめぐって，共和国のライシテに反するという批判が沸き起こり，その後，法律によって規制が強化されていく方向に進んでいく。

(2) 2004年の公立学校スカーフ禁止法

　2001年9月11日の同時多発テロをきっかけに，フランスではイスラームに対する反感がさらに高まり，公立学校におけるスカーフ着用を禁止する法律が制定された。2004年3月15日の「公立学校における宗教的表象の着用禁止法」である。この法律は，「公立の小・中・高等学校では，生徒があからさまな宗教的態度を表明するような表象ないし服装の着用は禁止される」と定めており，他者に対して，直ちに宗教的意味が理解されるような宗教的シンボルを公立学校内で示したり，身に着けたりすることを禁ずるものである。ムスリムの被り物のほかに，ユダヤ教徒の男性が被るキッパ，キリスト教の十字架の扱いについても議論されたが，キッパについては，フランスにおけるユダヤ人差別の歴史もあって争点にすることができず，十字架については，目立たないものを，服の内側などに身に着ける程度であればよいことになった。しかし，ムスリム女性の被り物は，否応なく目に入るものであって，禁止される宗教的シンボルにあたるとされたのである。

　学校におけるライシテについては，2013年に当時のペイヨン国民教育相の下で作成された15条からなる「ライシテ憲章」がある。そこでは，「国民は共和国の価値を生徒に共有させる使命を学校に託している。共和国は非宗教的である。学校は非宗教的である」との原則が確認され，学校のライシテは人格の陶冶や公民性習得の前提であること，ライシテや共和国の価値を生徒に伝えることが教職員の役割であることなどが記されている。

(3) ブルカ禁止法

　公立学校におけるスカーフの禁止に続いて，「公的な場所」，すなわち，「公道，公に開かれた場所，あるいは公的サービスに関連する場所」において，全身を

覆うブルカやニカーブの着用を禁止する法律が2010年に制定された。このブルカ禁止法では，違反した者に，罰金150ユーロか，フランスの習慣などを学ぶ公民教育の受講が義務づけられ，女性に着用を強制した夫などについては，最高で禁固1年または罰金3万ユーロが科されることが定められた。

　この法律は，憲法院に提訴され，憲法院は留保条件付きの合憲判決をくだした。憲法院によれば，もしこの法律が，公的な宗教施設においても顔を覆うことを禁止するものであるとすれば，1789年宣言10条（「何人も，自己の意見の表明が法律によって定められた公の秩序を害しない限り，たとえ宗教上のものであっても，その意見について不安を与えられてはならない」）を過度に侵害することになる。したがって，着用が禁止される「公的な場所」から公的な宗教施設が除外されなければならないとしたのである。

　ブルカ禁止法は，女性解放の大義名分の下に制定されたものであるが，これはムスリム女性を差別するものであるとして，パキスタン出身の女性がヨーロッパ人権裁判所に訴えた。しかし，同裁判所は，2014年7月，ブルカ禁止法を支持する判決をくだしている。他のヨーロッパ諸国でも，フランスと同様に，公の場におけるブルカの着用を禁止する国が増えている。

5　おわりに

　ライシテは，歴史的には「共和主義＝反教権主義」と「カトリック教会＝教権主義」との激しい対立を経て確立されたものであり，現行憲法の下でも共和国の基本原理として維持されている。しかし，2000年代以降，ライシテの名の下に，公立学校における宗教的表象の着用禁止法が制定され，さらに，「ムスリム男性による抑圧からの女性の解放」を実現するものとして，ブルカ禁止法が制定されたことによって，ムスリムの宗教的自由が制約されることとなった。こうした流れは，かえってムスリムの「分離」を加速させる可能性もある。実際，これらの立法を契機として，フランスではイスラーム系の私立学校の設置が増えており，それらの私立学校では，「固有の性格」を維持しつつ「良心の自由を保障する」とした教育法典の原則に基づき，教職員や生徒のスカーフの着用が認められているのだという。

宗教的自由に関する問題として，カルト（セクト）の規制にも触れておきたい。1990年代に世界各地でカルト教団による事件が相次いだことをきっかけに，フランスでは，セクトに対する規制の厳格化が進められた。日本の地下鉄サリン事件が発生した1995年には，国会のセクト調査委員会が報告書を提出し，ある団体がセクトかどうかを判断するための指標（精神的不安定化，法外な金銭要求，元の生活からの引き離し，児童の強制的入信，反社会的な説教，公権力への浸透の企てなど）や，具体的な団体名が書かれたブラックリストも示された。その後，2001年に反セクト法が制定され，「セクト的団体」もしくはその指導者が有罪判決を受けた場合，裁判所が解散宣告を行うことができるとし，法人に対する刑罰の強化が盛り込まれた。

　これらの立法は，フランスの共和主義を守るためのフランス特有の権利制約法であり，フランス革命以来の法律中心主義を背景にした「法律による人権保障」の伝統によって，国家が積極的に人権保障に介入しようとした典型的な例といわれている。これに対して，日本においては，むしろ「法律に対する人権保障」，すなわち国家による基本的人権の侵害の排除にもっぱら関心が払われてきた。しかし，在日朝鮮人に対する差別的表現が深刻化する中，国連の人種差別撤廃委員会から日本政府がヘイトスピーチの規制を行うよう勧告を受けるに至り，ヘイトスピーチ規制法が制定されたように，「法律による人権保障」が求められる場合もある。カルト教団についても，フランスとは対照的に，日本では十分な対策が行われず，問題が放置されてきたため，結果として多くの被害者を出すことになってしまった。そもそも日本の立法府は人権保障には関心が薄く，拉致被害者の救済といった特定の事項を除いて，積極的に取り組む姿勢が見られない。立法府の介入によって積極的に人権保障を実現してきたフランスの経験から学ぶことは少なくないであろう。

参考文献
小泉洋一『政教分離と宗教的自由』（法律文化社，1998年）
小泉洋一『政教分離の法―フランスにおけるライシテと法律・憲法・条約』（法律文化社，2005年）
滝沢正『フランス法』（三省堂，2012年）
辻村みよ子・糠塚康江『フランス憲法入門』（三省堂，2012年）

第8章

政治的表現の自由とデモ・ストライキ

1 はじめに：「夜は愛し合う時間」

　2016年3月，フランス政府が発表した一本の法案がフランスの若者の怒りに
火をつけた。当時の労働大臣の名をとって「エルコムリ法」と呼ばれたその法
案は，労働時間や解雇に関わる法規制の緩和を企図するものであったため，こ
れに反対するデモがフランス各地で頻発，それに多くの大学生や高校生が合流
したのである。たとえば，同3月31日に行われたデモの参加者は全国で計120
万人（主催者発表），そのうち大学生と高校生は20万人（フランスの学生の全国組織・
UNEF による）に上ったとされる。

　デモに参加した高校生たちが掲げていたプラカードには，なかなかウィット
の利いたフレーズも見られた。たとえば，「夜は愛し合う時間。働く時間じゃ
ない（LA NUIT C'EST POUR BAISER PAS POUR BOSSER）」というフレーズで
ある。つまり，「労働時間の規制が緩和されると，夜も働かなければならなく
なり，恋人と一緒に過ごす時間が削られる」ということを訴えたのである。

　もっとも，政府が打ち出した法案や施策に対して若者たちが抗議デモを行う
のは，フランスでは珍しいことではない。今世紀に限っても，政府が大学改革
（2007年）やバカロレア（高校卒業資格認定試験）改革（2005年，2008年，2018年）
を打ち出した際，高校生・大学生の大規模な抗議デモが起きている。そして，
SNS が発達した今なお，デモはかれらにとって政治的表現の主な手段であり
続けているのである。

2　フランスにおけるデモの自由

(1)　曖昧な「デモの自由」

　とりわけ近代以降のフランスの政治や社会は，デモも含めた市民たちの運動によって大きく動かされてきた観がある。実際，フランス革命（1789年）や二月革命（1848年），パリ・コミューン（1871年）といった世界史でおなじみの出来事にも，時の権力に対して立ち上がった民衆のパワーが大きな役割を果たしている。20世紀に目を転じれば，戦後フランスのエスタブリッシュメントに根本的な反省を迫った五月革命（1968年）がある。より最近の事例としては，同性婚法制化をめぐって賛成派と反対派の双方が繰り広げたデモ（2013年），イスラーム教を風刺する漫画を掲載した出版社が過激派に襲撃された「シャルリー・エブド襲撃事件」後に人種差別とテロへの抗議の意思を示したデモ（2015年），政府の燃料税引き上げ発表をきっかけにフランス全土で沸き起こった「黄色いベスト」運動（2018〜2019年）が挙げられよう。このように，デモは，フランスの民主主義と市民社会を底支えしているといっても過言ではない。

　しかし，意外なことに，フランスにおいてデモの自由は，それにふさわしい法的地位を与えられてこなかった。実際，フランスでデモに関する本格的な法律が登場するのは20世紀以降のことである。表現の自由一般についていうと，フランスにおける人権保障の礎である1789年人および市民の権利宣言は，「意見の表明」（10条）の自由と「思想および意見の自由な伝達」（11条）を保障している。また，その2年後に制定された1791年憲法では，「警察法規を遵守し，平穏かつ武器を持たずに集会を行う市民の自由」が「自然的かつ市民的権利」として承認されている。だが，いずれも「デモ（の自由）」には全く言及していないのである。そもそも，フランスにおいては，概ね二月革命の頃，19世紀半ばまで「デモ」は表現手段の一カテゴリーとして明確に認識されていなかった。実際，フランスの学術の最高権威であるアカデミー・フランセーズ（フランス学士院）が編纂した辞典に「デモ（manifestation）」という語が現れるのは1878年のことである。この辞典において，デモは「ある党派の見解の表明を目的とする集合（rassemblement）または運動（mouvement）」と定義されている。

それから一世紀半が経過した現在，この語はフランス人にとって身近なものとなっており，日常的には短縮形の「manif」もよく使われている。なお，日本で「デモ」というと，一般になんらかの政治的・社会的な意思表明とイメージされることが多いが，それにとどまらず，たとえば路上パフォーマンスのような芸術活動，あるいはフラッシュモブ（Flashmob）や「アペロ＝ジェアン（apéro géant）」（主にSNSで参加者を募って公共スペースで開催される大規模な軽食パーティー）のようなイベントも「デモ」に含まれる。

(2) 「デモ」の法的位置づけ

フランスにおけるデモに関する最初の本格的な法令は，「公序維持の強化に関する諸措置による規制を定める1935年10月23日のデクレ＝ロワ」である。これは，隣国ドイツでナチスが政権を掌握しヨーロッパに暗雲が漂い始めた1935年，その前年に退役軍人や極右団体が起こした反議会デモ（「2月6日事件」）を直接のきっかけとして制定されたものである。これが，フランスにおけるデモに関する初の本格的な法令とされる。これにより，「公道上における人びとの行進，行列および集会，ならびに一般的な方法でなされるあらゆるデモ」の事前の届出が義務づけられることになった。そして，この届出は，主催者3人によってデモ実施の14日前ないし3日前までに，デモが行われる市町村役場（パリでは警視庁）になされると定められた。本デクレ＝ロワは，その後も長くフランスのデモに関する基本法制として存続し，2012年以降その内容は治安法典（Code de la sécurité intérieure）に受け継がれている（L.211-1条以下）。

とはいえ，本デクレ＝ロワは，もっぱらデモに関わる行政上の手続を定めるものであって，「デモの自由」という権利の実体を定義し，保障するものではなかった。そして，デモそのものを定める明文上の法規定が存在しないという状況は，実は今も変わらない。唯一，「デモの自由」という言葉が登場する法文として，「デモの自由に対する妨害」を処罰する刑法典431-1条がある。しかし，ここでも「デモの自由」の内容については何も述べられていないのである。他方，判例に目を転じると，1789年人権宣言11条に由来するものとして「思想と意見の集団的表現の自由」，つまり「デモの自由」に憲法上の価値を認める憲法院判決（1995年1月18日）がある。その他，デモを「ある共通の意見また

は意思を集団的かつ公然と表明することを目的とし，公道上において複数人によって組織される集団の静的または動的なあらゆる集合（rassemblement）」と定義づけた司法判断もある（2016年2月9日破毀院刑事部判決）。

　現在，デモを行うにあたっては，上記の通り事前の届出が義務づけられており（治安法典 L.211-1条），この届出には主催者の氏名と居所，デモの目的・場所・実施日時，場合によっては予定経路等が記載されるとする（同 L.211-2条）。もっとも，人の生命や財産を守るため，県知事が主催者と交渉し，その経路は変更されることがある。さらに，市町村長または県知事の判断でデモが禁止される可能性もある（同 L.211-4条）。なお，届出について，以前は主催者3名の署名が必要とされたが，後述する2019年4月10日の法律以降は1名をもって足りるとする。

　さらに，「治安に関する1995年1月21日の指針計画策定法律」以降，公序に重大な騒乱をもたらす懸念がある場合，デモの24時間前から解散まで，一定の地理的範囲を対象として「武器となりうる物」の携帯と輸送を禁じる権限が県知事に認められている（同 L.211-3条）。これについては憲法院も，「武器となりうる物」だけではなく「投射物として使われる可能性のある物」の携帯と輸送を禁じることも可能と判断している（1995年1月18日判決）。その一方で，司法の事前許可なくして車両検問を行うことができるとする規定には，個人的自由に対する過度な侵害をなすとして，違憲判断がくだされている（同）。

(3) 「黄色いベスト」運動のインパクト

　ところで，近年フランスにおいては，デモに対する規制が強まりつつある。その契機となったのが「黄色いベスト」運動である。これは，主に2018年11月17日から翌年の5月まで，原則として毎週土曜日，燃料税の値上げに対する不満をきっかけにフランス全土で展開された大規模な抗議運動のことである（ちなみに，「黄色いベスト」という通称の由来は，参加者の多くが運動のシンボルとして高速道路上での安全確保のために着用を義務づけられる蛍光色のベストを着用したことに求められる）。

　しかし，「黄色いベスト」は，多くの場合上記の法的要件を満たすデモではない。なぜならば，これは政党や労働組合によって組織化，統制されたもので

はなく，法的に明確な「主催者」もいなかったため，必然的に法が要求する事前の届出を欠くものだったからである。むしろ，実態に即して言い換えるならば，その参加の呼びかけは主に SNS を通じてなされたため，主催者による事前の届出や行政当局との事前交渉等が実質的に不可能だったのである。このような形で行われるデモは，今後一般化してゆくと思われる。そのような現状にいかに法令を適応させるかは今後の課題である。

　他方，「黄色いベスト」の参加者たちの要求内容が多様化してゆくにつれ，当初の趣旨とは関係ない極右または極左のグループ等もそこに加わるようになり，時に物理的な暴力や破壊活動を伴うものとなった。そして，それと対峙する警察の姿勢にもさまざまな疑問が呈された。たとえば，その鎮圧に警察は「LBD」と呼ばれるゴム弾を多用したが，その殺傷能力は決して低くなく，ときおり参加者に失明等の重傷を負わせることとなった。これについて国務院は，厳格に定められた条件の下で警察が LBD のような「間接武器」を使用することは状況の必要性に応じたものであり，合法と判断している（2019年2月1日急速審理決定，同7月24日判決）。しかしながら，その使用はしばしば過剰であったとの批判も強い。

　また，「黄色いベスト」の「副産物」として，「デモに対する警察の手段を強化する2019年4月10日の法律」，別称「破壊活動対処法」の制定が挙げられる（もっとも，この法律は，「黄色いベスト」以前から，「ブラック・ボックス」と称するアナーキスト集団の暴力行為への対処を目的とする新法として国会で審議されていた）。その主な内容としては，共和国検事の要請に基づいて行政警察が公道上のデモの参加者の荷物検査等を以前よりも円滑に行えるようになったことが挙げられる。また，2009年以来，デモ参加者が覆面等で顔を隠すことは，公序を侵害する場合は違警罪とされていたが，本法によって軽罪に格上げ，重罰化されることも企図された。

　このように，デモの自由に対する規制を強めるものとして論議を呼んだ2019年の法律について，憲法院は，「集団的表現の自由」を侵害するものではないとして全体としては合憲判断をくだしつつ，デモにおける暴力行為ゆえに過去に有罪判決を受けた者に対しデモ参加を個別に禁じる権限を実質的に県知事に与える規定は曖昧であるとして違憲とした（2019年4月4日判決）。しかしながら，

本法については，検察官の意見に基づく事前防止コントロール制度（刑事手続法典77-2-5条）が濫用されるおそれ，「防止のための身柄拘束」によって刑事手続が迂回されるリスク等，実質的にデモの自由を侵害する可能性が指摘されており，引き続き今後の運用が注視されるところである。

3　フランスにおけるストライキ権

(1)　公務員もストをする

　さて，フランスでは，デモとは別に，労働者による労働条件の改善・維持等の要求手段としてストライキ（スト）も頻繁に用いられる。そして，ストライキが，政治的意思表明であるデモと同時に行われることもある。とりわけその傾向が強いのは，公企業体（国鉄，エールフランス，パリ市交通局など）の労働者のストとデモである。近年，特にこれら公企業体の従業員の年金制度改正に反対するストは大規模になり，しばしば社会を麻痺させている。さらにフランスでは，若干の制約はあるものの軍人・警察官等を除き公務員にもストライキ権（スト権）が認められている（公務員一般法典L.114-1条以下）。おそらく今の日本人の多くには想像がつかないことだろうが，むしろ公務員の争議行為を一律に禁止している日本の方が先進国としては例外的であるといえる。

　ところで，労働権の一要素であるスト権は，表現の自由と同カテゴリーに属するデモの自由とは，その性質において根本的に異なる。なぜならば，ストとは「職業上の要求を支持することを目的とした，協議に基づく集団的な労働の停止」（破毀院社会部1996年6月18日判決など）であり，そのねらいは，企業の諸活動を滞らせることによって使用者に損害を与え，使用者を交渉のテーブルに着かせることにあるからである。フランスでは，労働法典L.2511-1条によりすべての労働者に対してスト権が保障されている。

(2)　ストの歴史

　フランスにおけるストの起源は，労働者の「集合」を意味する「コアリシオン（coalition）」に遡る。革命期に制定されたル＝シャプリエ法（1791年）は，「同一職業の者に対し，その利益について議論するために団結すること，その営業

への補助または労働を一致して拒否すること，または決定した価格でしか同意しないことを試みる」行為に刑罰を科し，コアリシオンを禁止した。その後，第一帝政期の1810年に制定された旧刑法典もコアリシオン罪を規定していた（414条ないし415条）。

　時代が下って第二帝政期，1864年5月25日の法律によってコアリシオン罪は廃止され，代わりに「労働の自由に対する侵害」罪が設置された。ここに，ストにおいて脅迫，暴力，強制がなされた場合以外の労働者の集団行動は刑事罰の対象から外されたのである。しかし，民事の面においてストは不法行為のままであり続けた。実際，判例において，ストは「労働契約の破棄」の効果をもたらすとされたのである。ストの民事免責が定められたのは戦後，「集団協約および集団的労働紛争の解決手続に関する1950年2月11日の法律」によってである。

(3)　スト権の法的性格

　フランスにおけるスト権の憲法上の根拠は，第四共和制憲法前文2項の「フランス人民は，さらに，現代に特に必要なものとして，以下の政治的，経済的および社会的諸原理を宣言する」，および7項の「同盟罷業の権利［＝ストライキ権］は，それを規制する法律の範囲内で行使される」という文言である。しかし，憲法が宣明したようなスト権が，法律で定められることはなかった。法律は，たんにストの通常の効果がどのようなものであるかを定め（労働法典L.2511-1条，L.1132-2条），公共部門におけるストの特別規定を定めるにとどまったのである。

　その結果，スト権の法的性格は，もっぱら裁判所の判例に委ねられることとなる。憲法院は，スト権を他の憲法的価値を有する諸権利と調和させる役割は立法者の権限に属するとするが，その判例は少ない（例：1987年7月28日判決，1979年7月25日判決，1982年10月22日判決）。その他，憲法院の判断の影響を受け，「スト権は憲法的価値を有する原則である」ことを強調する司法裁判所の判断もある（破毀院社会部2006年2月2日判決）。

　なお，ここでヨーロッパ法に目を向けると，ヨーロッパ社会憲章6条がスト権承認の嚆矢とされる。ヨーロッパ人権裁判所も，この規定と労働組合の結成

と加入の権利を保障するヨーロッパ人権条約11条からスト権を認める判例を導き出している。さらに、ＥＵ法では、2000年に採択されたＥＵ基本権憲章28条がストライキ権を初めて承認している。

⑷　政治ストは認められるか

　ところで、労働者が職業上の要求とは直接関わらない、政治的主張を掲げてストを行うこと、いわゆる「政治スト」は認められるだろうか。上記のストの定義にあるように「職業上の要求を支持する」という目的、あるいは「集団的」という形態に照らすと、政治ストは認められにくいようにも思われる。

　だが、単独でなされるストでも、労働組合や集団により「全国規模で表明されたスローガンに従う場合」例外的にストと認める司法判断がある（破毀院社会部1995年3月29日判決）。また、実際のところ、政治的主張を掲げるデモと職業上の目的をもつストの区別が微妙なケースもある。たとえば、「増税反対」という主張では認め難いとしても、「購買力」の問題を強調すればスト権行使を認められる余地はある。

4　おわりに：日本における「デモ」「ストライキ」の　　　イメージと今後

　最後に、日本の状況を簡単に見てみよう。おそらく読者の多くは、中学や高校で、デモの自由やスト権は日本国憲法が保障する基本的人権であることを学んだであろう。だが、その一方で、デモやストに「自分は参加したくない」という向きも少なくないと推測される。実際、日本労働組合総連合会（連合）が15歳〜29歳の男女を対象に実施した「Ｚ世代が考える社会を良くするための社会運動調査2022」によると、社会問題に対する日本の若者の関心は決して低くはないものの、その解決手段として「参加したくないもの」のダントツの1位が「集会やデモ、マーチ、パレードなど」（46.8％）なのである。また、この調査によると、この世代が参加経験のある社会運動の1位は「知識を深めるためのセミナー」、2位は「SNSでの個人の発信」であり、総じて顔や名前を出したくないという傾向が強いように感じられる。

たしかに，顔や名前を出したくないという思い（プライバシー権）は尊重されるべきである。また，デモやストによって社会が直ちに変わることもない。しかし，効果の有無にかかわらず，理不尽と感じる状況に対し声を上げるのは，本来人間の根源的な欲求である。そして，それが集団になると一定の力をもつことは，フランスも含めて少なくない国の歴史が証明しているところである。そのことを私たちは今一度思い起こすべきであろう。

【参考文献】
浦中千佳央「警察と市民の関係：フランスを例に」『社会安全・警察学』5号（2019年）99-106頁
田中美里「フランスにおける「公序」とマニフェスタシオンの自由（1）（2・完)」『一橋法学』18巻1号，133-167頁，18巻2号，619-645頁（2019年）
三輪和宏「フランスのデモにおける公の秩序保障法」『外国の立法：立法情報・翻訳・解説』284号（2020年）63-74頁

第9章

食文化と公権力
——ワインの原産地呼称を中心に——

1　はじめに

　いうまでもなくフランスは美食の国である。その豊かな食文化は，世界中の多くの人びとを惹きつけてやまない。2010年に「フランス人のガストロノミー的食事（Le repas gastronomique des Français）」がユネスコの無形文化遺産に登録されたことはよく知られている。また，フランスは，EU屈指の農業大国でもある。毎年2月下旬にパリで開催される国際農業見本市は，農業大国を象徴するイベントであり，毎回，大統領が会場内に何時間滞在していたかがニュースになるほどである。

　フランスにおいて，その食文化と密接に関わる農業，とりわけワイン産業は，古くから公権力による厳しい統制を受けてきた。しかし，まさしく公権力による統制こそが，ワインや農産物のしかるべき品質を保証し，世界的なブランドの形成に寄与してきた事実を忘れてはならない。

　公権力がワイン市場への介入にことのほか大きな関心を払ってきたのは，ワイン産業がフランスにおいて基幹産業たる地位を占めてきたからである。コルベールは，ワインが最も重要な「王国の財源」であると考え，「国王陛下が臣民の安寧をおもんばかって心から気にかけておられるのは，フランス人や外国人が毎年より多くのワインを購入するかどうかということである。なぜなら，それこそが額の多寡はあっても臣下の安寧と利益となる現金収入を王国にもたらすものだからである」と書簡に記している（ロジェ・ディオン『フランスワイン文化史全書』38頁以下）。

　今日では，安全な水が容易に手に入るようになり，ワインが生活必需品とみなされていた時代は遠い過去のものとなりつつあるが，それでもフランスの基幹産業の一つであることに変わりはない。2021年におけるフランスの貿易収支

を見ると，品目別の貿易黒字第1位は航空機（197億ユーロ）であるが，それに次ぐ第2位はワイン・スピリッツ類（142億ユーロ）である。それゆえ，ワイン市場は，依然として公権力の主要な関心事となっているのである。そこで，本章では，ワインを中心とする公権力による産地ブランドの創出について見ていくことにする。

2　大革命以前のワイン法

　人類がワインを造るようになったのは今から約8000年前に遡るといわれている。当然，憲法の歴史よりはるかに古いわけであるが，今日のフランスおよびEUのワイン法においても中心的な課題とされている事態が立ち現れ，公権力による介入が遂行されるようになったのは，今から2000年ほど前の古代ローマ以降である。

　ガリア戦役によって現在のフランスの大部分がローマの属州となる前は，ワインの多くはイタリア半島からの輸入に依存していた。しかし，ローマの支配とともにガリアでもワイン生産が広がると，イタリア半島の生産者たちは危機感を募らせた。共和制末期，ローマの元老院は，アルプス以遠（現在のフランスやスペイン）でブドウやオリーブの植え付けを制限する決議をくだし，さらに，紀元92年，皇帝ドミティアヌスは勅令を発し，属州において少なくとも半分のブドウ樹の引き抜きを命じた。ワインが大量に出回ることによる価格下落の防止をねらったこの勅令は，今日のEUの市場調整政策の先取りであるといわれている。こうした栽培規制は，絶対王政下のフランスでも実施されており，モンテスキューは，1725年に出されたボルドーにおける新規植え付け禁止令を激しく批判する意見書を提出している。

　フランスにおいて，現在の地理的表示制度の出発点となる原産地呼称制度が整備されたのは，20世紀に入ってからであるが，早くも14世紀から，産地ブランドの前提としてブドウ品種を重視する考え方が公権力において意識されていた。ブルゴーニュ公フィリップ2世は，多産型のガメ種の急増によるブルゴーニュワインの品質低下を危惧し，1395年，ガメ種を畑から引き抜くことを命じる勅令を発している。

3 法律によるワインの定義

　大革命に先立つ1776年4月の勅令によってワインの取引が自由化されたの
ち，19世紀の自由放任主義の時代が到来するに至ってブドウの植え付けも自由
化され，栽培面積は著しく増加した。しかし，1860年代半ば以降，北米からブ
ドウ樹を枯死させるフィロキセラ（アブラムシの一種）がもたらされ，フランス
ではその被害が広がりワイン生産量が激減した。この一時的なワイン不足に乗
じて市場に流入したのが「ワインのまがい物」，すなわち，ワイン製造工程で
発生するブドウの搾りかすや，外国から輸入されたレーズンを主原料として使
い，これらに水，砂糖，着色料などを加え，人工的に製造されたアルコール飲
料である。

　安価な「まがい物」の流通は，自らブドウを栽培し，新鮮なブドウのみを原
料とする「本物のワイン」「自然なワイン」を生産するフランスの生産者たち
を苦しめた。生活困難な状況に直面した生産者たちは，「まがい物」の製造禁
止を繰り返し政府に要求していくのであるが，その最初の段階で制定されたの
が1889年8月14日のグリフ法である。同法は，第1条において，「新鮮なブド
ウを発酵させて造られる産品以外のものをワインの名の下に，発送し，販売し
てはならない」と規定し，ワインの厳格な定義を設定した。ところが，同法は，
この定義に適合しない「まがい物」の製造自体を禁止するものではなかった。
搾りかすを原料とする蒸留酒に水と砂糖を添加して発酵させたものについては
「砂糖ワイン」という名称で，また，レーズンに水を添加して発酵させたもの
は「レーズンワイン」という名称で販売することが認められていた。その後，
1894年7月24日の法律では，ワインに水やアルコールを添加することが禁止さ
れ，違反行為には刑罰が科されることとなった。さらに，1907年には，ラング
ドックのブドウ栽培農家たちが「まがい物」ワインの撲滅を求めて激しい抗議
運動を繰り広げ，これがきっかけとなって，こうした製品の販売を事実上不可
能ならしめる一連の法律が制定された。しかし，問題は「まがい物」だけでは
なかった。有名産地では，その産地の名称を詐称するワインの存在が生産者を
悩ませていた。

4 原産地とは何か

(1) 1905年8月1日法とその改正

　消費者保護の観点から，一般的に商品の原産地表示を規律しようとした立法として，1905年8月1日の「商品販売における不正行為と，食料品と農産物の偽造の防止のための法律」がある。その1条は「商品の性質，品質，成分，誤って表記された原産地が主要な販売力となっている場合の原産地……について契約者を騙した，または騙そうとした者は，3月以上1年未満の禁固，および罰金に処する」とし，刑事罰をもって原産地の虚偽表示を禁止した。しかし，ワインの「原産地」をいかに画定すべきかの問題は残された。このため，1905年8月1日の法律を改正する1908年8月5日の法律によって，「製品の産地の呼称を主張することができる地域の範囲の画定は，以前からの地元の慣習に基づいて行う」という規定が追加された。

　当初，産地の範囲を画定する作業は，行政の責任の下で進められたが，有名産地では，その線引きをめぐって生産者たちが激しく対立し，シャンパーニュでは，大規模な暴動にまで発展した。そこで，行政による産地画定ではなく，司法が産地画定に関与する方法が模索された。1911年に提出された法案は，原産地を名乗ることができるかどうかは裁判官が決することとし，その際，産地だけでなく，その産品の性質，構成および「実質的な品質」を考慮に入れるべきとするものであった。1913年には，この法案をもとに新たな法案（パム＝ダリア法案）が提出されたが，原産地を名乗る条件として品質要件まで考慮するものとしていた部分については，国会で異論が噴出し，「実質的な品質」を考慮に入れるとする規定は削除された。

　1914年に第一次世界大戦が勃発すると，法案審議は中断を余儀なくされたが，1919年6月に連合国とドイツとの間で締結されたヴェルサイユ講和条約は，その275条において，ワインの原産地呼称を遵守することをドイツに要求し，原産地呼称を侵害する産品の輸入，輸出，販売，製造等をドイツ政府が禁止すべきとする規定をおいていた。これにあわせて制定されたのが「原産地呼称の保護に関する1919年5月6日の法律」である。

(2)　1919年の原産地呼称法

　1919年法は，明示的な形で「原産地呼称の保護」を目的に掲げた最初の立法であり，その1条は「ある『原産地呼称』が，直接・間接に自己に損害を与え，……その産地，または，以前からの忠実な地元の慣習に反していると主張する者は誰でも，当該呼称の使用の禁止を求めて，裁判上の訴えを起こすことができる」と規定している。

　1919年法では，「産地」に関する地理的要件を満たすだけで「原産地呼称」の使用が許されるのか，それとも，品質要件を含む「以前からの忠実な地元の慣習」を遵守することまで要求されるのかは，法文上明確ではなかった。この点に関して，ボルドーの裁判所は，1922年2月6日の判決において，地理的要件を満たすだけで原産地呼称を使用できるとの解釈を採用し，さらに，破毀院の1925年5月26-27日の判決でも，これと同様の判断が示された。これらの判決において，原産地呼称の使用に際し，品質要件は必須ではないとする解釈がとられたことにより，地理的要件のみに依拠して1919年法が運用されていくこととなった。

(3)　1919年法の限界

　1919年法に関する上記の裁判所の判断を受けて，原産地呼称の使用の条件として，地理的要件のみが重視されるようになった結果，品質軽視のワイン造りが助長され，有名な原産地呼称を名乗った低品質ワインが大量に生産された。ボルドーで収穫されたブドウを使いさえすれば，いかなる品種のブドウであっても，どれだけ質の悪いブドウであっても，あるいは，高収量の畑からのものであっても，ボルドーの原産地呼称を適法に使用することができるのである。また，1919年法が，裁判による事後的な救済を前提としていたことにも重大な欠陥があった。裁判所は，原産地呼称に関する数多くの事件をかかえ，裁判の遅滞は常態化し，産地の範囲が画定するまでに長い年月を要することが少なくなかった。

　1919年法は，その後，1927年に改正され，「以前からの忠実な地元の慣習」によって認められたブドウ品種を使用することが，原産地呼称を名乗る条件に加えられた。しかし，裁判官は，かならずしもワインやブドウについて十分な

専門的知識をもっているわけではなかった。

　1929年に始まる世界恐慌によって，ワイン市場が深刻な生産過剰に見舞われると，フランス政府は，生産抑制に乗り出した。1931年7月4日のワイン生産規範法は，ワイン生産量を抑えるため，高収量の畑には納付金の支払を課そうとするものであったが，その対象から原産地呼称ワインは除外されていたため，並級ワインから原産地呼称ワインの生産に移行する者が続出した。その結果，品質の劣る原産地呼称ワインが大量に産出されることとなった。こうした状況の下で，限られた原産地呼称ワインのみを対象にする新たな制度の導入が検討されるようになったのである。

5　原産地と品質の保証

(1)　1935年のデクレ＝ロワ

　1935年3月，ジロンド県の上院議員ジョセフ・カピュスは，1919年法の「原産地呼称」とは区別される新たなカテゴリーとして，統制原産地呼称（Appellation d'origine contrôlée : AOC）を新設する法案を提出した。かれは，生産地域やブドウ品種に加え，1ヘクタールあたりの収量，最低アルコール度といった品質要件が原産地呼称を使用する条件に加えられるべきことを主張するとともに，具体的な生産基準の内容については，各原産地呼称の保護組合が決定すべきであると考えた。原産地呼称の侵害が発生するたびに，生産者が訴訟を提起するというのではなく，あらかじめ明確に定められた生産基準を遵守して生産されているかどうかを行政がコントロールし，そうではないワインを行政が取り締まるのが原産地呼称の保護のあり方として望ましいと考えたのである。こうして成立したのが1935年7月30日のデクレ＝ロワ（décret-loi）であり，これこそが，今日，フランスやEU諸国のみならず，日本を含む世界各国において導入されている地理的表示制度の起源である。ちなみに，デクレ＝ロワとは，第三共和制期において，国会の委任により，国会の追認を条件として，法律の改廃をなし，法律と同一の効力をもつものとされた政府のなす委任立法であり，第五共和制におけるオルドナンスに相当する。

　1935年のデクレ＝ロワは，その21条において，新たなカテゴリーとして

AOC を設ける旨を定め，今日の全国原産地・品質管理機関（Institut National de l'Origine et de la Qualité : INAO）の前身をなすワイン・蒸留酒原産地呼称全国委員会（Comité National des Appellations d'Origine : CNAO）が，関係する組合の意見をもとに，各 AOC 呼称のワインおよび蒸留酒に適用される生産条件を定めること，その条件には，生産地域，ブドウ品種，1ヘクタール当たりの収量，自然の製造を前提とするワインの最低アルコール度が含まれていなければならないこと，各 AOC 呼称のワインの生産に課せられた条件に適合していなければ AOC 呼称での販売は認められないことが規定された。

1919年法の原産地呼称とは異なり，1935年のデクレ＝ロワによる「コントロール」された原産地呼称においては，指定された生産地域で栽培され，かつ，指定された品種のブドウを使っていても，各 AOC で決められた収量，アルコール度，栽培・醸造方法等々の条件を満たしたものでなければ，その AOC を名乗ることは許されない。こうして AOC は，たんに産地を保証するのみならず，一定の品質をも保証するものとなったのである。

(2) 対象産品の拡大

当初，1935年のデクレ＝ロワが保護の対象としていた産品は，ワインと蒸留酒のみであった。1919年法は，ワイン以外の産品をも対象としていたが，実際に裁判所が裁定をくだしたケースは少なく，むしろ個別の立法による保護が試みられた。ブルーチーズの代表格である「ロックフォール」については，1925年7月25日に個別立法が制定され，また，「ヴォライユ・ド・ブレス（ブレス鶏）」については，1957年8月1日の法律が定められた。その後，1970年代から80年代にかけて，チーズに関する個別法の制定が相次ぎ，「ポン・レヴェック」「マンステール」「ブリー・ド・モー」といった原産地呼称が保護されることとなった。1990年代には，原産地呼称制度の改革が行われ，1990年7月20日の法律では，INAO の権限が乳製品や農産物に拡大され，ワインと同様，チーズなどについても，INAO が生産地域や生産条件を提案し，その提案に基づいてデクレ（政令）の形式で AOC が登録されることとなった。

(3) 原産地呼称・地理的表示の新たな意義

ワインをはじめとする産地ブランドは，国内においてのみならず，国外においても保護されなければならない。EU レベルでは，1992年の理事会規則2081-92により，先に食品・農産物の地理的表示保護制度が導入され，保護原産地呼称（AOP）と保護地理的表示（IGP）という２つのカテゴリーが設けられた。さらに，WTO においても，TRIPS 協定により，地理的表示の侵害行為を防止するための法的措置をとることが WTO 加盟国に義務づけられた。これを受けて，日本においても，1994年に国税庁長官が酒類の地理的表示を指定する制度が定められ，食品・農産物については，2014年の地理的表示法によって農林水産大臣が地理的表示を登録する制度が設けられた。

ワイン産地が地理的表示の保護を目指す動機には，次の２つがあると考えられる。一つは，すでに社会的評価が確立している有名産地の名称を，不正使用から守るために地理的表示の登録・指定を目指すという動機である。シャンパーニュやコニャックがその典型である。もう一つは，ブランド力を向上させ，強化するために地理的表示を積極的に活用するという動機である。かつて大量生産ワインの産地というイメージがあった南仏ラングドックでは，1980年代以降，AOC に昇格することで，高品質ワインの生産にシフトしていく動きが見られた。さらに，近時の潮流として，EU 諸国などで進められているサステナビリティの観点から地理的表示を意義づけようという動きも注目される。フランスでは，2030年までに，原産地呼称・地理的表示の生産基準において，生産者に環境認証を受けるための基準を順守させる規定を導入することになっている。

6　おわりに

フランスは，ワイン法の母国であり，原産地呼称制度・地理的表示制度をいち早く導入し，それによって自国の産品のブランドを確立させ，それらの国外における保護や制度の普及に努めてきた。EU のワイン法や地理的表示制度にも，フランス法の影響は色濃く見られる。日本でも，近年，ワイン法や地理的表示制度の整備が進められてきたが，その背景には日 EU の EPA 交渉があり，

フランス法に由来する地理的表示制度の拡充や保護の強化を EU 側が日本に求めてきたことが影響している。実際，国税庁による日本産酒類の地理的表示指定は大幅に増加し，農水省の管轄となる農林水産物の地理的表示については，2014年の地理的表示法制定から2022年8月までに110件以上の登録がなされている。とはいえ，フランスや EU を模範にした制度が導入されても，日本における運用にはさまざまな課題があり，生産者や自治体において十分に活用されているとは言い難い状況にある。フランスや EU 諸国の取り組みや先進的な事例に学びながら，日本のワイン法や地理的表示制度を定着させていくことが不可欠である。

【参考文献】

蛯原健介『ワイン法』（講談社，2019年）
ロジェ・ディオン（福田育弘ほか訳）『フランスワイン文化史全書』（国書刊行会，2001年）
山本博・高橋梯二・蛯原健介『世界のワイン法』（日本評論社，2009年）

第10章

新型コロナウイルス対策と人権

1　はじめに

　2020年3月以降，新型コロナウイルスは全世界で猛威を振るった。人びとの命と健康を守るための決定的な有効策がない中，日本をはじめ多くの国が選択したのは，外出の規制などの行動の制限であり，レストラン等をはじめとした営業の停止や縮小という営業の自由などの自由の制限だった。

　フランスでは，こうした自由の制約が罰則をもって強制されることとなったため，命と健康を守るためであれ，憲法上保障される「自由」の制約がどこまで許されるかが正面から問題となった。その際に，「神々の像を隠すように，一定の期間自由にヴェールをかける必要があるときがある」というモンテスキューの『法の精神』からの言葉がたびたび引用された。他方，200年来獲得されてきた自由を恐怖によって無限定に侵害されてはならないということが繰り返しいわれた。つまり，コロナ禍における自由の制約は，例外的事態であって，怖いからとなし崩し的に無限定に行うのではなく，あくまでも法的に限定された期間と範囲においてのみ認められるという考え方が基礎とされた。

　フランスでは，こうして，新型コロナ対策の緊急事態法制は時限立法とされ，2022年7月30日の法律をもって，同年8月1日以降廃止となった。したがって，新型コロナウイルス対策と人権という課題は現時点ではいったんは収束したかにも見える。しかし，緊急事態において具体的にどのような自由が問題となり，その限界はどこかという問題についてのフランスの対応は，今後も重要性を失わないと思われる。そのような観点から，コロナ禍の人権保障の中心的役割を果たした行政訴訟を中心に本章で紹介したい。

2　フランスの緊急事態法制

　フランスの緊急事態法制としてはすでに憲法上および法律上いくつかの規定が存在する。第五共和制における憲法上の緊急事態法制としては，非常事態の大統領の権限（憲法16条）および戒厳令（同36条）がある。いずれも戦時体制を念頭においたものであり，これまで前者は1回のみ発令され，後者は1回も使われたことはない。法律上の緊急事態法制としては，アルジェリア戦争の際の動乱に対応するために制定された1955年の法律がある。これは，1958年の第五共和制憲法制定前の法律である。この法律に基づく緊急事態はこれまで何度か発令されてきており，とりわけ2015年以降のイスラーム過激派によるテロの後に連続して約2年にわたり発令されていた。コロナ禍においては，新たに感染症に対応するための緊急事態の制度が作られることとなり，2020年3月23日の法律により，「公衆衛生法典」の一部の改正が行われた（Covid-19感染症に対抗するための緊急事態に関する2020年3月23日の法律第2020-290号，以下「2020年法」という）。したがって，戦時体制を前提としないフランスの緊急事態は法律に根拠をおくものとなっており，緊急事態下において法律により権限を拡大されることとなる行政による自由や憲法上の権利の制約がどこまで許されるのかということが問題となる。

　2020年法は，2か月にわたり緊急事態を宣言するものであったが，これは同年5月11日の法律により2か月延長された。同年7月9日の法律において，緊急事態宣言は終了されることを前提に，緊急事態宣言解除後の10月30日までの特別措置が定められた。ただし，この間に感染状況が悪化し，10月14日に同月17日からの緊急事態が政府により再度発令され，11月14日の法律で緊急事態が2021年6月1日まで延長された。

　続けて2021年5月31日の法律（公衆衛生上の緊急事態解除後の措置に関する2021年5月31日の法律第2021-689号，以下「2021年法」という）により，6月2日から9月30日まで，緊急事態宣言解除後の特別措置が実施されることとなった。これは8月5日の法律で11月15日まで延長され，さらに11月11日の法律で2022年7月31日まで延長された。

そして，2022年7月30日の法律で，8月1日以降，2020年法により新設された緊急事態に関する条文は削除され，2021年5月31日の法律による緊急事態宣言解除後の特別措置も終了することとなり，緊急事態法制は，2022年7月31日で終了することとなった。

3　コロナ禍の緊急事態法制の内容

(1)　2020年法

2020年法は，緊急事態宣言の発令要件を，その性質や重大さから国民の健康を危機に晒す公衆衛生上の大惨事が生じた場合とし，厚生大臣の報告に基づく閣議決定により緊急事態の発令がなされることとなっていた。1か月を超える延長は専門家委員会の意見聴取の後法律によってのみ可能とされ，また，公衆衛生法上の緊急事態に基づき政府がとった措置について国会は直ちに報告を受け，両院はかかる措置の監督と評価のために必要な情報の提供を要請することができるとされた。緊急事態宣言発令下において，首相は厚生大臣の報告に基づきデクレにより，人々の移動の禁止や制約，外出の禁止，集会の禁止，営業の制約などを命令することができ，首相はその権限の一部を県知事に委譲することができるとされた。また，緊急事態に迅速に対応するために，政府にはオルドナンスによる立法が授権された。外出の禁止等の命令違反は刑事罰の対象とされた。

(2)　2021年法

2021年5月31日の法は，緊急事態終了後の措置に関する規定を定め，首相に対し，一定の期間一定の地域における人の行動の制約，一定の施設の閉鎖，いわゆる衛生パス(ワクチン接種,ウイルス検査あるいは罹患証明のいずれか一つの証明，後にワクチン接種のみを有効と認めるワクチンパス) の携行を一定の施設利用の条件とすること，夜間の外出禁止などを命令する権限を付与した。

4 問題となった自由

(1) 緊急審理手続

2020年法および2021年法の対象は，人びとの生活の各方面に及び，これらは，憲法前文により取り込まれた1789年人権宣言上の自由や権利，とりわけ人権宣言の2条および4条の自由の制約であるとして問題提起がなされることとなった。そうした法的議論の中心的な舞台となったのが，行政裁判所であり，その最高裁判所である国務院である。憲法院は上記の立法の多くについて事前の憲法適合性審査を行ったが，コロナ禍できわめて活発だったのは国務院である。人権の砦を自任する行政裁判所は行政行為の法律適合性を判断するにあたり，憲法前文の人権宣言を参照することにより，憲法上の権利を具体化する。

行政裁判所による実質的な救済を可能としたのが，2000年に導入された緊急審理手続である。これは緊急性がある事案において，①行政の決定に深刻な違法性の疑いがある際に行政の決定の執行を一時停止し（執行停止のレフェレ。行政訴訟法典 L.521-1条），または②行政の権限行使により基本的自由に対し重大かつ明白に違法な侵害が加えられたと認められるときに行政裁判官が48時間以内に必要なあらゆる措置を命じることができる（自由権レフェレ。同法典 L.521-2条）というものである。自由権レフェレによる命令の内容は，行政行為の執行停止にとどまらず，首相によるデクレの内容の見直しや，一定の作為命令にも及ぶ。いまだ発令されたことはないが，この手続によって緊急事態の停止を行政裁判所が政府に対して命じることも可能だと解されている。なお，これらは仮処分という性質をもつため，あわせて本訴を提起する必要があるが，その判断の迅速さから，コロナ禍において大きな役割を果たすこととなった。

(2) レフェレの効果

2020年3月17日から2021年3月17日までの間に，国務院の統計によると，国務院は，緊急審理手続において647件の判断を示した。そのうち51件において，国務院は，政府あるいは地方自治体がとった措置の執行を一時停止し，あるいはその実施方法の変更を命じた。

さらに，200件以上の案件において，申立人の請求が判決主文では棄却されているものの，実質的に申立人の求めに答える審理がなされた。このうち50件においては，期日における申立人と政府の代表者とのやり取りの中で，政府の措置の実施が見直された。

　さらに，この200件のうち130件においては，国務院評定官は国に対して「その義務を思い起こさせ」，あるいは国の義務を明確化した。これらのケースにおいては，状況に鑑み申立人を敗訴させているが（たとえばマスクの供給を求められたが，マスクの備蓄量が足りないなど物理的に政府が義務を履行するのが難しい場合），その判断の中においては，国務院は本来あるべき国の義務を明確にした。

　かようにして，主に自由権レフェレという手続を通じ，コロナ禍における自由制約の限界を画すことが試みられてきた。その具体的な判断について，いくつかの重要な判例を紹介する。

(3)　表現の自由：デモの自由

　デモには多くの人が参加し感染拡大が懸念されることから，首相は2020年5月31日のデクレで10人以上のデモを禁止していたが，これを国務院は自由権レフェレにより適用停止していた（2020年6月13日決定）。これを受けて首相は新しいデクレによって，感染防止策を実施していることの確認を受けて事前に許可されたデモについては人数制限はしない（ただし5000人以下）としたが，これについても，国務院は以下のように違法と判断し，執行停止のレフェレでデクレの適用を停止した（2020年7月6日決定）。「集団的な意見表明の根拠となる，憲法およびヨーロッパ人権条約10条および11条により保障される表現およびコミュニケーションの自由は基本的自由を構成する。デモの自由によるその自由の行使は，民主主義の基礎であり，組合活動の自由といった他の自由の尊重を保障する。」その上で，そのような自由の行使に対して事前届出に加え事前許可を求めることは，必要かつ適合的なものとはいえず，公衆の健康保持という目的に比して比例的なものとはいえないと判断した。他方，5000人という人数制限は合法とした。

⑷ マスク着用と自由

①　マスク着用と行動の自由（国務院2022年1月11口決定）　マスク着用を義務化することは，それ自体が個人の自由を制約するだけでなく，マスクの着用がなければ外出や移動ができないという意味において，人の「行き来」の自由を侵害する。人の「行き来の自由」は，人権宣言2条および4条に由来する権利だと解釈されている。

　マスクの着用義務化についての争いは多くあったが，国務院は，2021年法に基づく首相の権限により，マスク着用を義務化し，その具体的な適用を各県知事に委ねることは可能と判断したが，そのためには，マスク着用義務化を限定的に解す必要があることを明確にした。つまり，新型コロナウイルスの対策は，実際のリスクに比例的であり，その時と場所に対して適合的なものでなければならないとし，マスク着用義務化は，当該場所の感染状況により正当化されなければならず，ソーシャルディスタンスが確保できない人の密度が高い場所や時間，市場や公道での集会など人びとが集まる場所に限定されなければ，マスクの義務化は比例的なものと認められないとした。

②　マスクと健康保護（国務院2020年4月20日決定）　マスクの着用義務が人の行動を奪うリスクがあるとされる一方で，マスクにより感染症から身を守ることができるという観点から，国にマスクの供給義務があるかという問題も提起された。

　パリ弁護士会およびマルセイユ弁護士会は，コロナ禍においても，裁判手続は維持されなければならないが，マスク等の感染防止手段が十分にない中で弁護士がその任務を果たさなければならないのは，弁護士や依頼者の命や健康を危険に晒すものであり，また，弁護士が弁護活動ができなくなった場合には，民主主義の根幹である国民の裁判を受ける権利が侵害されると主張して提訴し，国選弁護などの公的な役割を果たす場合のマスクや消毒ジェルを国が弁護士に対し供給するよう求めた。

　国務院はこうした訴えに対し，裁判が適切に機能するようにすることは国の責務であること，弁護士は司法 justice を支えるものであり，国はそのために弁護士を守る責務を有することを明確にした。その中で国務院は，弁護士は司法 justice を補助し，司法という公役務に参画するものであるから，国は，弁

護士が公務員ではなく民間の自由業であることを理由として，弁護活動における弁護士の健康の保護を拒否することはできないと判断した。しかし，2020年4月の段階では国のマスクの備蓄量にも限界があるため，国務院は，マスク供給を国に義務づけることはできないと判断したが，弁護士の健康を守るためのマスク供給義務が本来国にあると判断したという点において重要な判断だと受け止められている。

(5) 体温測定と GDPR（国務院2020年6月26日決定）

　ヴェルサイユ近郊のある市において，小学校の入り口に体温測定カメラが設置されることとなったことにつき，国務院は，カメラによる体温測定は健康に関する個人データの処理であり，欧州データ一般保護規則（GDPR）に違反すると判断し，人の基本的自由に対する著しい侵害があるとして，自由権レフェレにおいてその撤去を命じた。

　国務院は，GDPR 上，健康に関するデータの処理は，法令に根拠がある場合，医師などの守秘義務を有する専門家により行われる場合，あるいは本人の同意がある場合にのみ認められるが，本件においては，それを許可する法令はなく，医師によるものでもなく，本人の同意のみが有効要件となるところ，体温測定を行わなければ学校に入ることができないという時点において保護者に選択の余地はなく，そのような中での保護者の体温測定の同意は GDPR 上有効な同意とはみなされないと判断をした。ここでは GDPR 違反が正面から問われ，憲法上の権利については特段触れられてはいないが，個人データの扱いは，人権宣言2条から導かれる私生活の尊重の権利に基づくものと考えられている。

(6) 家族関係と自由

　人びとの行動の自由に制限がかけられた結果，コロナ禍において通常の家族生活を送ることも容易ではなくなった。しかし国務院は，コロナ禍においてもできる限り通常の家族生活を営む権利を守ることを重視し，いくつかの判断を示した。

　① ビザ発給（国務院2021年1月21日決定）　2020年3月以降外国人のフランスへの入国が制限され，フランスに在住する EU 市民でない者の，フランスに

在住しない配偶者や子どもに対しては，例外的な場合を除き家族呼び寄せビザの発給がなされず，フランスへの入国ができなくなっていた。こうした状況について，国務院は「憲法前文」に基づき判断をし，そのような措置は，通常の家族生活を営む権利や子どもの優越する利益に対する不均衡な侵害となっており，ビザ発給を停止する政府の措置を停止するとともに，首相に対し，家族呼び寄せビザの対象となる人のため，フランス入国に関連した公衆衛生上のリスクに比例した措置をとるよう命じた。

② **結婚のためのビザ発給**（国務院2021年 4 月 9 日決定）　結婚前は前述の家族呼び寄せビザが使えないことから，フランスでの結婚を控えたカップルの一方がフランスに入国できないという問題が生じていた。

このことに関して，国務院は，人権宣言 2 条および 4 条に基づく結婚の自由を認めないことは，人々の健康の保護という目的に照らしてバランスを欠き，比例的ではないと判断した。その結果，国務院は，執行停止のレフェレにおいて，フランスでフランス人と婚姻をするためにフランスに入国するビザの申請を認めず，またビザの所持者の入国を認めていない首相の通達の執行の停止を命じるとともに，首相に対し，対象となる人のため，フランス入国に関連した公衆衛生上のリスクに比例した措置をとるよう命じ，さらに内務大臣に対しては，すべての領事館に向けて，婚姻のための渡仏ビザの申請を受理し，内容を審査するよう命じることを義務づけた。

③ **納棺**（国務院2020年12月22日判決）　新型コロナウイルスで亡くなった方については，2020年法に基づくデクレによりフランスも日本と同様に家族が最後のお別れができないまま直ちに納棺がなされることとされていた。国務院は，その判示の中で，ヨーロッパ人権条約を参照しつつ，そのようなデクレは，私生活および通常の家族生活を営む権利に対する著しく不均衡な侵害となるものとして，デクレを取り消す判断をした。

5　おわりに

一応の終結を見たフランスの緊急事態法制自体だが，緊急事態の中で感染拡大防止策を講じつつ，市民の自由を守るという観点から提起された問いとそれ

に対応して明確にされた国の責務は，今後また何らかの緊急事態が生じた際の指針になっていくと考えられる。国務院も，コロナ禍の初期においてこそ，行政の裁量を比較的広く認めていたが，2020年6月以降には行政がとる措置が，リスクに比例的か，適合的かという審査を行い，自由や権利の制約に行き過ぎがないかのチェックを行った。また，この間のフランスの状況を，市民の側から見て考えると，緊急事態下においても，市民の自由を法的に構成して主張し，その尊重を求めることができるということは，我慢や自粛の名の下に緊急事態下において私たちの自由があまり法的に検討されることの少なかった日本においても参考になることが少なくない。とりわけ市民の自由の実効的な救済を可能としたフランスの行政訴訟のあり方は自由権レフェレのような制度を有しない日本の行政訴訟制度についても再考を促す。緊急事態が今後一切発生しないと言い切れない以上，コロナ禍における人権保障のあり方の模索は忘却することのできない先例となるだろう。

【参考文献】
植野妙実子『フランス憲法と統治構造』（中央大学出版部，2011年）
河嶋春菜「フランス―新たな法律上の『緊急事態』の創設」大林啓吾編『コロナの憲法学』（弘文堂，2021年）

フランス憲法関連資料

1789年人および市民の権利宣言

1946年第四共和制憲法前文

1958年第五共和制憲法

2004年環境憲章

人および市民の権利宣言（1789年8月26日）

前文

　国民議会として構成されたフランス人民の代表者は，人権に対する無知，忘却または軽視が，公の不幸と政府の腐敗の唯一の原因であることを考慮し，人の譲り渡すことのできない神聖な自然権を，厳粛な宣言において提示することを決意した。それは，この宣言が，社会のすべての構成員に絶えず提示され，彼らの権利および義務を絶えず想起させるためであり，立法権および執行権の行為が，すべての政治制度の目的と常に比較されることで一層尊重されるためであり，市民の要求が，以後，簡潔で争いの余地のない原理に基づくためであり，常に憲法の維持と万人の幸福に向かうためである。

　こうして，国民議会は，最高存在の前に，かつその庇護の下に，人および市民の権利を承認し，かつ宣言する。

第1条　人は，自由かつ権利において平等なものとして生まれ，存在する。社会的差別は，共同の利益に基づくものでなければ，設けられない。

第2条　すべての政治的結合の目的は，時効によって消滅することのない人の自然的諸権利の維持にある。それらの権利とは，自由，所有，安全および圧政への抵抗である。

第3条　すべての主権の淵源は，本質的に国民に存する。いかなる団体も，いかなる個人も，国民から明示的に発しない権威を行使することはできない。

第4条　自由とは，他人を害しないすべてのことをなしうることである。したがって，各人の自然権の行使は，社会の他の構成員たちに対し，同一の諸権利の享受を確保すること以外には限界をもたない。その限界は，法律によらなければ決定することができない。

第5条　法律は，社会にとって有害な行為しか禁止する権利をもたない。法律によって禁止されていないすべての行為は妨げられることがなく，また何人も，法律が命じていないことを行うように強制されない。

第6条　法律は，一般意思の表明である。すべての市民は，みずからまたはその代表者を通じて，法律の形成に参加する権利をもつ。法律は，それが人を保護する場合でも，処罰を加える場合でも，すべての人に対して同一でなければなら

ない。すべての市民は，法律の前に平等であるから，その能力に従い，かつその徳と才能以外による差別なしに，平等に，すべての高位，公的地位および公職に就任することができる。

第7条　何人も，法律が定めた場合で，かつ法律が定めた手続によらなければ，訴追され，逮捕され，または拘禁されない。恣意的な命令を要請し，発令し，執行し，または執行させた者は，処罰されなければならない。ただし，法律によって召喚され，または逮捕されたすべての市民は，直ちに服従しなければならない。市民は，抵抗すれば有罪となる。

第8条　法律は，厳格かつ明白に必要な処罰でなければ定めてはならない。何人も，犯行以前に制定され，公布され，かつ適法に適用された法律によらなければ処罰されない。

第9条　何人も，有罪を宣告されるまでは無罪推定がなされる。それゆえ，逮捕が不可欠であると判断された場合でも，その身柄の確保にとって不必要に厳しい強制は，法律によって厳重に抑止されなければならない。

第10条　何人も，自己の意見の表明が法律によって定められた公の秩序を害しない限り，たとえ宗教上のものであっても，その意見について不安を与えられてはならない。

第11条　思想および意見の自由な伝達は，人の最も貴重な権利の一つである。したがって，すべての市民は，法律が定める場合に，その自由の濫用について責任を負うほかは，自由に話し，書き，印刷することができる。

第12条　人および市民の権利の保障には，強制力を備えた公安機関を必要とする。したがって，この機関は，すべての人の利益のために設けられるのであって，それを委託された人の特定の利益のために設けられるものではない。

第13条　強制力を備えた公安機関の維持および行政の支出のために，共通の租税が不可欠である。共通の租税は，すべての市民の間で，その能力に応じて平等に分担されなければならない。

第14条　すべての市民は，自らまたはその代表者を通じて，公の租税の必要性を確認し，公の租税を自由に承認し，その使途を監視し，かつその数値，基礎，取り立て，および期間を決定する権利を有する。

第15条　社会は，すべての官吏に対して，その行政について報告を求める権利を有する。

第16条　権利の保障が確保されず，権力の分立が

定められていないすべての社会は，憲法をもた
ない。

第17条 所有は，侵すことのできない神聖な権利
であり，何人も，適法に確認された公の必要が
明確にそれを要求し，かつ正当な事前の補償を
要件としなければ奪われない。

第四共和制憲法（1946年10月27日）前文

1．人間を隷従させ堕落させることを企図した諸
体制に対して自由な人民が獲得した勝利の直後
に，フランス人民は，すべての人が人種，宗教，
信条による差別なしに譲り渡すことのできない
神聖な諸権利をもつことを，あらためて宣言す
る。フランス人民は，1789年の権利宣言によっ
て確立された人および市民の権利と自由，なら
びに共和国の諸法律によって確立された基本的
諸原理を，厳粛に再確認する。

2．フランス人民は，さらに，現代に特に必要な
ものとして，以下の政治的，経済的および社会
的諸原理を宣言する。

3．法律は，女性に対して，すべての領域におい
て，男性の権利と平等な権利を保障する。

4．自由のための活動を理由として迫害を受けた
すべての人は，共和国の領土内で庇護を受ける
権利を有する。

5．各人は，勤労の義務および就労の権利を有す
る。何人も，その勤労または雇用において，そ
の出自，意見もしくは信条を理由として不利益
を受けてはならない。

6．何人も，労働組合活動によってその権利およ
び利益を擁護し，かつ，自己の選択する労働組
合に加入することができる。

7．同盟罷業の権利は，それを規制する法律の範
囲内で行使される。

8．すべての労働者は，その代表者を介して，労
働条件の集団的決定および企業の管理に参加す
る。

9．その事業が全国的な公役務または事実上の独
占の性格を有しているか，またはその性格を取
得したすべての財産，すべての企業は，公共の
所有にならなければならない。

10．国家は，個人および家族に対して，その発展
に必要な条件を確保する。

11．国家は，すべての人に対して，とりわけ子ど
も，母親および高齢の労働者に対して，健康の
保護，物質的な安全，休息および余暇を保障す

る。その年齢，身体的または精神的状態，経済
状態のために労働できないすべての人は，生存
にふさわしい手段を地方公共団体から受け取る
権利を有する。

12．国家は，全国的な災害から生じた負担につい
て，すべてのフランス人の連帯と平等を宣言す
る。

13．国家は，子どもおよび成人に対して，教育，
職業養成および教養についての機会均等を保障
する。すべての段階での無償かつ非宗教的な公
教育の組織化は，国家の責務である。

14．フランス共和国は，その伝統に忠実に，国際
公法の諸規則を遵守する。フランス共和国は，
征服を目的とするいかなる戦争も企てず，かつ，
いかなる人民の自由に対しても，決して武力を
行使しない。

15．相互主義の留保の下で，フランスは，平和の
組織化と防衛のために必要な主権の制限に同意
する。

16．フランスは，海外領土の人民とともに，人種
および宗教による差別なく，権利および義務の
平等に基礎をおく連合を組織する。

17．フランス連合は，その各々の文明を発達させ，
福祉を増進し，その安全を確保するために，そ
の財源および努力を共通のものとし，または調
整する諸国家および人民によって構成される。

18．フランスは，その伝統的な使命に忠実であり，
自らが責任を引き受けた人民を，自治を行う自
由およびそれらの固有の事務を民主的に管理す
る自由へと導くことを望む。フランスは，恣意
に基づくすべての植民地化体制を斥け，すべて
の人に対して，公職への平等な就任，および上
記に宣言され，または確認された権利および自
由の個人的または集団的な行使を保障する。

第五共和制憲法（1958年10月4日）

前文

フランス人民は，1946年憲法前文によって確認
され補充された1789年宣言が定める人権および
国民主権の原理，ならびに2004年環境憲章が定
める権利および義務への愛着を厳粛に宣言する。

共和国は，それらの原理および人民の自由な
決定の原理に従い，共和国に加入する意思を表
明する海外領土に対し，自由，平等，友愛とい
う共通の理想に立脚し，かつその民主的発展を
目指して構想された新たな制度を提供する。

第1条
　①フランスは，不可分の，非宗教的で，民主的かつ社会的な共和国である。フランスは，出自，人種または宗教による差別なく，すべての市民に法律の前の平等を保障する。フランスは，すべての信条を尊重する。フランスの組織は，地方分権化される。
　②法律は，公選の議員職および公選による公職，ならびに職業的および社会的な要職に対する女性と男性の平等な参画を促進する。

第1章　主権について

第2条
　①共和国の言語は，フランス語である。
　②国旗は，青，白，赤の三色旗である。
　③国歌は，「ラ・マルセイエーズ」である。
　④共和国の標語は，「自由，平等，友愛」である。
　⑤共和国の原理は，人民の，人民による，人民のための統治である。

第3条
　①国民〔＝国家〕の主権は人民に属し，人民はその代表者を通じておよび国民投票という手段によって主権を行使する。
　②人民のいかなる部分も，いかなる個人も，主権の行使を占奪してはならない。
　③選挙は，憲法の定める要件に従って，直接または間接的に行われる。選挙は，常に普通，平等，秘密である。
　④民事上のおよび政治的な権利を享有する成年男女のすべてのフランス国民は，法律の定める要件に従い，選挙人になる。

第4条
　①政党および政治団体は，選挙による意思表明に協力する。政党および政治団体は，自由に結成し，かつ自由にその活動を行う。政党および政治団体は，国民主権および民主主義の原理を尊重しなければならない。
　②政党および政治団体は，法律の定める要件に従って，第1条第2項で表明された原理の実施に貢献する。
　③法律は，意見の多元的な表明ならびに国民の民主主義的生活への政党および政治団体の公平な参加を保障する。

第2章　大統領

第5条
　①大統領は，憲法の尊重を監視する。大統領は，

その裁定により，公権力の適正な運営および国家の継続性を確保する。
　②大統領は，国の独立，領土の一体性，条約の尊重の保障者である。

第6条
　①大統領は，直接普通選挙により，5年任期で選出される。
　②何人も，2期を超えて大統領の任期を連続して務めることはできない。
　③本条の施行方式は，組織法律で定める。

第7条
　①大統領は，有効投票の絶対多数で選出される。第1回投票で絶対多数が得られないときは，14日後に第2回投票を行う。第2回投票は，より上位の候補者が辞退した場合も含め，第1回投票で最多数の票を得たことになる2名の候補者のみが立候補できる。
　②投票は，政府の招集により開始される。
　③新大統領の選挙は，現大統領の任期満了の前20日から35日以内に行われる。
　④何らかの理由で大統領が欠けた場合，または，政府の付託を受けた憲法院が，その構成員の絶対多数で大統領に障害があることを認めた場合，大統領の職務は，第11条，第12条に定めるものを除き，臨時に元老院議長が行使する。元老院議長も職務が行使できないときは，臨時に政府が行使する。
　⑤大統領が欠けた場合，または憲法院が大統領の障害を確定的に認めた場合，新大統領選出のための投票は，憲法院が不可抗力と認めた場合を除いて，大統領が欠けた日もしくは憲法院が障害の確定を宣言した日から20日以降30日以内に行われる。
　⑥立候補の届出締切の前30日以内に立候補の意思を表明していた候補者の1名が，締切の前7日以内に，死亡するか，または障害が認められた場合，憲法院は選挙の延期を決定することができる。
　⑦第1回投票の前に，候補者の1名が死亡するか，または障害が認められた場合，憲法院は，選挙の延期を宣告する。
　⑧第1回投票で，辞退が生じたときはその前に，最多数の票を得た上位2名の候補者のうち1名について，死亡するか，または障害が認められた場合，憲法院は，選挙手続全体をやり直すことを宣言する。第2回投票のために立候補していた2名の候補者のうちの1名の死亡もしくは

障害の場合も同様とする。

⑨憲法院は，いずれの場合も，第61条第2項に定める要件，または第6条に規定される組織法律が候補者の立候補に関して定める要件で付託を受ける。

⑩憲法院は，本条第3項，第5項に定める期間を延長することができる。ただし，投票は，憲法院がそれを決定した日から35日以降に行うことはできない。本項の適用により，現大統領の任期満了以後に選挙期日が延期されることになる場合，現大統領は，後任者の宣告まで，その職務を続行する。

⑪大統領が欠けている間，または，大統領の障害の確定宣言から新大統領選出までの間は，憲法第49条および第50条，第89条は適用されない。

第8条

①大統領は，首相を任命する。大統領は，首相による政府の辞表提出により，その職を免ずる。

②大統領は，首相の提案により，その他の政府構成員を任命し，また，その職を免ずる。

第9条

大統領は，閣議を主宰する。

第10条

①大統領は，確定的に採択された法律が政府に送付された後15日以内に，法律を審署する。

②大統領は，この期間の満了前に，この法律またはその一部の条項について，国会に再審議を要求することができる。国会は，この再審議を拒否することができない。

第11条

①大統領は，官報に登載された会期中に，政府の提案または両議院の共同の提案により，公権力の組織に関する法律案，国の経済，社会，または環境政策およびそれに貢献する公役務の改革に関する法律案，あるいは憲法には違反しないが制度の運営に影響を及ぼしうる条約の批准の承認を目的とする法律案を，すべて国民投票に付託することができる。

②国民投票が政府の提案により実施される場合，政府は，各議院において声明を発し，その討議が続いて行われる。

③第1項に掲げる事項に関する国民投票は，選挙人名簿に登載された選挙人の10分の1の支持を得て，国会議員の5分の1によって発案される場合に，実施することができる。この発案は，議員提出法律案の形式をとり，過去1年以内に

審署された法律の規定の廃止を対象とすることはできない。

④この発案の要件，および憲法院が前項の規定の遵守について審査する要件は，組織法律で定める。

⑤上記の議員提出法律案が組織法律に定められた期限内に両議院において審議されない場合，大統領はこれを国民投票に付託する。

⑥上記の議員提出法律案がフランス人民によって採択されなかった場合，国民投票後2年を経過するまでは，同一の事項について新たな国民投票案を提出することができない。

⑦国民投票によって政府提出法律案または議員提出法律案の採択が確定したときは，大統領は，結果発表から15日以内にそれを審署する。

第12条

①大統領は，首相および両院議長への諮問の後，国民議会の解散を宣告することができる。

②総選挙は，解散の後，20日以降40日以内に行われる。

③国民議会は，その選挙後の第2木曜日に当然に集会する。この集会が通常会期の期間外に行われる場合には，当然に15日の期間で会期が開始される。

④総選挙後1年以内は，再び解散を行うことができない。

第13条

①大統領は，閣議において議決されたオルドナンスおよびデクレに署名する。

②大統領は，国の文官および武官を任命する。

③国務院評定官，賞勲局総裁，大使，特使，会計院主任検査官，知事，第74条所定の海外公共団体およびニューカレドニアにおける国の代表，将官，大学区長，中央行政官庁の長官は，閣議において任命される。

④閣議で任命される他の官職，および大統領がその任命権を大統領の名において行使させるために委任することができる要件は，組織法律で定める。

⑤第3項に掲げるもの以外の官職または職務で，権利および自由の保障または国民の経済社会生活における重要性ゆえに，大統領の任命権が，各議院の権限を有する常任委員会の公開の意見を経て行使されるものについては，組織法律で定める。各委員会の否定票の合計が，両委員会における有効投票の5分の3以上であるときは，大統領は任命を行うことができない。権

限を有する常任委員会については，官職または
職務に応じて，法律で定める。

第14条

大統領は，外国政府に派遣する大使および特使
に信任状を授与する。外国の大使および特使は，
大統領あての信任状を上呈する。

第15条

大統領は，軍隊の長である。大統領は，国防高
等評議会および国防高等委員会を主宰する。

第16条

①共和国の制度，国の独立，その領土の保全ま
たは国際協約の履行が重大かつ直接に脅かさ
れ，かつ，憲法上の公権力の適正な運営が妨害
されるときは，大統領は，首相，両院議長，な
らびに憲法院への公式な諮問の後，状況により
必要とされる措置をとる。

②大統領は，これらの措置を教書によって国民
に知らせる。

③これらの措置は，最短の期間で，憲法上の公
権力に対し，その任務を遂行する手段を確保さ
せる意思によって動機付けられたものでなけれ
ばならない。憲法院は，この問題について諮問
される。

④この場合に，国会は当然に集会する。

⑤国民議会は，非常事態権限が行使されている
間は解散されない。

⑥非常事態権限の行使から30日後に，国民議会
議長，元老院議長，または60名の国民議会議員
もしくは60名の元老院議員は，第1項の要件が
満たされているかを審査するために憲法院に付
託することができる。憲法院は，最短の期間で，
公開の意見を表明して裁定する。憲法院は，非
常事態権限の行使から60日後，およびその期間
を超えたときはいつでも，職権により当然に審
査を行い，同一の要件により裁定することがで
きる。

第17条

大統領は，個別に恩赦を行う権限を有する。

第18条

①大統領は，教書によって，国会の両議院に意
思を伝達する。教書は朗読されるが，これにつ
いていかなる討議も行われない。

②大統領は，この目的のために両院合同会議と
して集会する国会で発言することができる。大
統領の声明は，その出席なしに討論できるが，
これについていかなる採決も行われない。

③会期外の場合，両議院は，この目的のために

特別に集会する。

第19条

第8条（第1項），第11条，第12条，第16条，
第18条，第54条，第56条，および第61条に定め
る行為以外の大統領の行為は，首相によって，
また，場合により責任ある大臣によって副署さ
れる。

第3章　政府

第20条

①政府は，国政を決定し，遂行する。

②政府は，行政および軍事力を掌握する。

③政府は，第49条および第50条に定める要件お
よび手続に従って，国会に対して責任を負う。

第21条

①首相は，政府の活動を指揮する。首相は，国
防について責任を負う。首相は，法律の執行を
確保する。第13条の規定の留保の下で，首相は，
命令制定権を行使し，文官および武官を任命す
る。

②首相は，その権限の一部を大臣に委任するこ
とができる。

③首相は，大統領の職務を代行し，第15条に定
める国防高等評議会および国防高等委員会を主
宰する場合がある。

④首相は，明示的な委任により，かつ，特定の
議事日程に関し，臨時に大統領の職務を代行し，
閣議を主宰することができる。

第22条

首相の行為は，その執行を任務とする大臣に
よって副署される場合がある。

第23条

①政府構成員の職務は，国会議員，全国的な性
格をもつ職能代表の職務，および公職または他
の職業活動の行使のすべてと両立しない。

②前項に該当する国会議員，職能代表の職務ま
たは公職の補充任用のための要件は，組織法律
で定める。

③国会議員は，第25条の規定に従って補充され
る。

第4章　国会

第24条

①国会は，法律を表決する。国会は，政府の活
動を監視し，公共政策を評価する。

②国会は，国民議会および元老院から構成され
る。

③国民議会議員は，直接選挙で選出され，その定数は577を超えてはならない。

④元老院は，間接選挙で選出され，その議員の定数は348を超えてはならない。元老院は，共和国の地方公共団体の代表を確保する。

⑤フランス国外に居住するフランス人は，国民議会および元老院に代表される。

第25条

①各議院の権限の期間，議員定数，歳費，被選挙資格の要件，欠格および兼職禁止の制度は，組織法律で定める。

②議席に欠員が生じた場合，その議席が属する国民議会の総選挙または元老院の一部改選が行われるまでの補充議員を選出する要件は，組織法律で定める。各議院の議員が政府の職務を承諾した場合において，その臨時代理を選出する要件も，組織法律で定める。

③独立委員会は，国民議会議員の選挙区を画定し，または国民議会議員もしくは元老院議員の議席の配分を変更する政府提出法律案および議員提出法律案について，公開で意見を表明する。委員会の構成ならびに組織および運営の規則は，法律で定める。

第26条

①国会議員は，その職務行使においてなした意見または表決に関して，訴追，捜索，逮捕，拘禁または裁判されない。

②国会議員は，その属する議院の事務局の許諾がなければ，重罪または軽罪について，逮捕または自由を剥奪もしくは制約する他のいかなる措置の対象にもならない。ただし，重罪もしくは軽罪の現行犯または確定した有罪判決の場合には，この許諾は要求されない。

③国会議員の拘禁，自由を剥奪もしくは制限する措置，または訴追は，その属する議院が要求するときは，会期の期間中，停止される。

④関係する議院は，前項の適用を目的とする補充会議として当然に集会する場合がある。

第27条

①命令的委任は，すべて無効である。

②国会議員の表決権は，一身専属的である。

③例外的に，組織法律によって，表決に関する委任を認めることができる。この場合，何人も1以上の委任を受けることはできない。

第28条

①国会は，10月最初の平日に始まり翌年6月最後の平日に終了する単一の通常会期として，当然に集会する。

②各議院が通常会期に開くことのできる会議日は，120を超えてはならない。開会する週は，各議院が定める。

③首相は，関係する議院の議長へ諮問した後に，また，各議院の議員は，その過半数の請求により，補充日の会議開催を決定することができる。

④会議の日程および時間は，各議院の議院規則で定める。

第29条

①国会は，首相または国民議会議員の過半数の請求により，特定の議事日程について，臨時会期として集会する。

②臨時会期が，国民議会議員の請求によって開会される場合，その招集の理由となった議事日程が終了した後直ちに，かつ，開会から起算して12日以内に閉会のデクレが発せられる。

③首相のみが，閉会のデクレに続く1か月の期間満了前までに，新たな会期を請求することができる。

第30条

国会が当然に集会する場合のほか，臨時会期は，大統領のデクレによって，開会され，閉会される。

第31条

①政府構成員は，両議院に出席する。政府構成員は，自らが要求するときに意見を表明する。

②政府構成員は，政府委員に補佐させることができる。

第32条

国民議会議長は，立法期の期間を任期として選出される。元老院議長は，元老院の一部改選の後に選出される。

第33条

①両議院の会議は，公開とする。討議の完全な議事録は，官報で公表される。

②各議院は，首相，または，その構成員の10分の1の請求により，秘密会として会議を開くことができる。

第5章　国会と政府の関係

第34条

①法律は，次の事項に関わる規律を定める。

―公民権，および公的自由の行使のために市民に付与される基本的な保障。メディアの自由，多元性および独立，市民の身体および財産に対して国防のために課せられる負担。

一国籍，人の身分および能力，夫婦財産制，相続および無償譲渡。

一重罪および軽罪の決定，ならびにそれらに適用される刑罰。刑事手続。大赦。新たな種類の裁判所の設置および司法官の地位。

一あらゆる性質の租税の基礎，税率および徴収方法。通貨発行制度。

②法律は，次の事項に関わる規律も定める。

一国会の両議院，地方議会，フランス国外に居住するフランス人の代表機関の選挙制度，地方公共団体の審議機関の構成員の職務の遂行および選挙職の要件。

一各種公施設法人の創設。

一国の文官および武官に与えられる基本的な保障。

一企業の国営化および公的部門から私的部門への企業の所有権の移転。

③法律は，次の事項に関わる基本原則を定める。

一国防の一般的組織。

一地方公共団体の自由な行政，それらの権限および財源。

一教育。

一環境保全。

一所有権制度，物権および民商法上の債務。

一労働権，労働組合の権利および社会保障。

④予算法律は，組織法律が定める要件および留保の下，国の歳入および歳出について規定する。

⑤社会保障財政法律は，組織法律が定める留保および要件の下，財政均衡のための一般的要件を決定し，収入の予測を考慮に入れた上で支出の目標を定める。

⑥計画策定法律は，国の活動の目標を決定する。

⑦公の財政の複数年にわたる方針は，計画策定法律によって決定される。これらは公行政の会計の均衡化の一環である。

⑧本条の規定は，組織法律によって詳細が定められ，補足されることができる。

第34条の1

①両議院は，組織法律が定める要件の下，決議を表決することができる。

②政府が，決議の可決または否決によって，政府の責任が問題となりうると判断する場合，またはそれらが政府に対する命令を含むと判断される場合には，決議の提案は受理されず，またいかなる議事日程にも組み込まれない。

第35条

①宣戦布告は，国会によって承認される。

②政府は，外国に軍隊を介入させる決定について，遅くともその介入の開始から3日以内に通知する。政府は，追求される目標について詳細を明らかにする。この通知は，討議の端緒になりうるが，いかなる表決も伴わない。

③介入の期間が4か月を超過した場合には，政府は，その延長について国会の承認を求める。政府は，国民議会に対して，最終的に決定することを求めることができる。

④4か月の期限を超過した時に国会が会期中でない場合には，国会は，次の会期が開始された際に決定する。

第36条

①戒厳令は，閣議によって発令される。

②戒厳令が12日を超えて延長される場合は，国会のみがそれを承認することができる。

第37条

①法律の領域に関わる事項以外の事項については，命令の性質を有する。

②これらの領域に介入する法律の形式を有する法文は，国務院からの意見を徴したのちに定められるデクレによって修正されることができる。これらの領域に介入する法文のうち本憲法の発効ののちに成立したものについては，憲法院が，前項に照らして命令の性質があると宣言した場合に限り，デクレによって修正することができる。

第37条の1

法律および命令は，限定された目的および期間に関して，実験的な性質を有する規定を含むことができる。

第38条

①政府は，その綱領を執行するために，国会に対して，一定期間の間，通常は法律の領域に属する措置をオルドナンスによって行う承認を求めることができる。

②オルドナンスは，国務院から意見を徴したのち，閣議によって決定される。オルドナンスは，公布とともに発効するが，追認のための政府提出法律案が，授権法律によって定められた期限より前に国会に提出されなかった場合には，失効する。オルドナンスは，明示的な方法によってのみ，追認される。

③本条第1項に定められている期間を超過した場合には，オルドナンスは，法律の領域に関する事項については，法律によらなければ修正されない。

第39条

①法律の発議権は、首相および国会議員の両方が有する。

②政府提出法律案は、国務院の意見を徴したのちに閣議で審議され、両議院のいずれか一方の事務局に提出される。政府提出の予算法律案および社会保障財政法律案は、最初に国民議会に提出される。地方公共団体の組織を主たる目的とする政府提出法律案は、第44条第1項の適用を妨げることなく、最初に元老院に提出される。

③国民議会または元老院に政府提出法律案が出される場合は、組織法律が定める要件を満たすものとする。

④政府提出法律案は、それが、最初に提出された議院の議長会議によって、組織法律が定める規律を遵守していないと判断された場合には、議事日程に入れられることはない。議長会議と政府との間で意見の一致が見られない場合には、関係する議院の議長または首相が憲法院に事案を付託することができ、憲法院は8日以内に判断を下す。

⑤法律に定められた要件の下で、いずれかの議院の議長は、当該議院に所属する議員のうちの1名によって提出された議員提出法律案を、当該議院の反対がない限り、委員会における審議の前に、意見を求める目的で国務院に委ねることができる。

第40条

国会議員によって作成された議員提出法律案および修正案は、その採択が、歳入の減少もしくは歳出の創設または悪化に結びつく場合には、受理されない。

第41条

①立法手続の過程で、議員提出の法律案または修正案が、法律の領域に属しないこと、または第38条に基づき行われた授権に反することが判明した場合には、政府または当該法律案が提出された議院の議長は、不受理をもって対抗することができる。

②政府と関係する議院の議長との間で意見が一致しない場合には、いずれか一方からの請求に基づき、憲法院が、8日以内に判断をくだす。

第42条

①政府提出法律案および議員提出法律案の本会議における審議は、第43条が適用される場合には付託された委員会によって採択された法文か、それがない場合には付託された議院に出さ

れた法文について行われる。

②ただし、憲法改正のための政府提出法律案、予算法律案および社会保障財政法律案についての本会議での審議は、最初に提出された議院における第一読会では政府が提出した法文について、それ以外の読会では他方の議院から送付された法文について行われる。

③第一読会における、政府提出法律案または議員提出法律案についての本会議での審議は、最初に法案が提出された議院では、提出から6週間の期間が経過したあとでなければ、行われない。次に提出された議院では、送付から4週間の期間が経過したあとでなければ、審議を行うことができない。

④前項は、第45条に定められている要件の下で審議促進手続が実施された場合には、適用されない。また、前項は、予算法律案、社会保障財政法律案および非常事態に関する政府提出法律案にも適用されない。

第43条

①政府提出法律案および議員提出法律案は、審議のために、常任委員会のひとつに送られる。常任委員会の数は、それぞれの議院につき、8つまでに限定される。

②政府提出法律案および議員提出法律案は、政府または法案が付託された議院からの請求に基づき、このために特別に指名された委員会に、審議のために送付される。

第44条

①国会議員および政府は、修正権を有する。この修正権は、組織法律が定める範囲内で、議院規則によって規定された要件に従い、本会議または委員会において行使される。

②討議開始後は、政府は、事前に委員会に提出されていなかったあらゆる修正案の審議に対して反対することができる。

③政府からの請求があった場合には、法案が付託された議院は、政府が提案または承認した修正案に限って考慮に入れたのち、審議中の法律案の全部または一部について、1回の投票で採決する。

第45条

①すべての政府提出法律案または議員提出法律案は、同一の法文で採択されるために、国会の2つの議院において順に審議される。たとえ間接的であっても、提出または移送された法文と関係がある限りにおいて、すべての修正案は、

第40条および第41条の適用を妨げない範囲で，第一読会にて受理されうる。

②2つの議院の間で意見が一致せず，政府提出法律案または議員提出法律案がそれぞれの議院での2回の読会ののちにも採択されない場合，または，いずれの議長会議もともに反対の意思を示していない中で政府が審議促進手続を開始することを決定した場合には，各議院での一回のみの読会ののちに，首相，または議員提出法律案に関しては共同で行動する2つの議院の議長は，審議中の規定に関して法文を提案する任務を負う混合同数委員会を招集する権限を有する。

③混合同数委員会によって起草された法文は，政府によって，承認のために2つの議院に提出されることができる。政府の同意がない限り，いかなる修正案も受理されない。

④混合同数委員会において共通の法文の採択に至らなかった場合，あるいは当該法文が，前項が定める要件に従って採択されなかった場合には，国民議会および元老院における新たな読会ののち，政府は，国民議会に対して最終的に判断することを求めることができる。この場合，国民議会は，混合同数委員会が起草した法文か，場合によって元老院が採択したひとつまたは複数の修正案に基づき修正され，国民議会が最後に表決した法文のいずれか一方について，再度取り上げることができる。

第46条

①憲法が組織法律の性質を与えている法律については，次に掲げる要件に従って表決され，修正される。

②政府提出法律案または議員提出法律案については，第42条第3項が定める期限が経過した後でなければ，両議院の第一読会において審議および表決することはできない。ただし，第45条が定める要件に基づき審議促進手続が開始された場合には，政府提出法律案または議員提出法律案は，最初に付託された議院において，その提出から15日が経過した後でなければ審議に付されない。

③第45条の手続が適用される。ただし，2つの議院の間で合意に達しない場合には，国民議会の最終読会で，その構成員の絶対多数の賛成がある場合に限り，法案は可決されることができる。

④元老院に関する組織法律は，2つの議院によって同一の文言で表決されなければならない。

⑤組織法律は，その合憲性について憲法院が宣言した後でなければ，審署されない。

第47条

①国会は，組織法律によって規定される要件の下で，予算法律案について表決する。

②国民議会が，予算法律案の提出から15日以内に第一読会で採決をしない場合，政府は，元老院に当該法律案を付託し，元老院は15日以内に判断をくださねばならない。その後の手続は，第45条が定める要件に従って行われる。

③国会が70日以内に採決をしない場合，政府提出の予算法律案の規定は，オルドナンスによってその効力を発することができる。

④ある会計年度の歳入および歳出を定める予算法律が，当該会計年度の開始前に審署されるために十分な時間が確保されないときに提出された場合，政府は，国会に対して，税金を徴収する承認を緊急に求め，かつデクレによって，表決された役務に関わる予算を組む。

⑤本条に定められている期間は，国会が開会中でないときには中断される。

第47条の1

①国会は，組織法律が定める要件のもと，社会保障財政法律案について表決する。

②国民議会が，政府による社会保障財政法律案の提出から20日以内に第一読会で採決しない場合，政府は，元老院に当該法律案を付託し，元老院は15日以内に判断をくださねばならない。その後の手続は，第45条が定める要件に従って行われる。

③国会が50日以内に採決をしない場合，当該社会保障財政法律案の規定は，オルドナンスによってその効力を発揮することができる。

④本条に定められている期間は，国会が開会中でなく，かつ各議院に関して，当該議院が，第28条第2項に従って本会議を開催しないと判断した週の間は中断される。

第47条の2

①会計院は，政府の活動を監視する際に，国会を補佐する。会計院は，予算法律の執行および社会保障財政法律の執行の監視ならびに公共政策の評価において，国会と政府を補佐する。会計院は，公表する報告書を通じて，市民への情報提供に貢献する。

②公行政の会計は正当かつ厳正なものでなければならない。これらの会計は，公行政の管理，

財産および財政状況の結果を忠実に反映するものでなければならない。

第48条

①第28条最終項から数えて3項目まで（第2項から第4項まで）の規定の適用を妨げることなく、議事日程は各議院によって決定される。

②4週間の本会議のうち2週間は、政府が決定する順に従い、政府が議事日程に組み込むことを求めた法文の審議および討議に優先的に充てられる。

③さらに、政府提出の予算法律案、社会保障財政法律案、および次項の規定を留保して少なくとも6週間より前に他方の議院から送付された法律案、非常事態に関わる政府提出法律案および第35条に定められた承認の要請については、政府からの請求により、優先的に議事日程に組み込まれる。

④本会議の4週間のうち1週間は、優先的に、かつ各議院が決定した順に従い、政府の活動の監視および公共政策の評価のために留保される。

⑤本会議のうち月に1回は、関係する議院内の野党からの発議および少数派からの発議に基づき、各議院が決定する議事日程に留保される。

⑥本会議のうち少なくとも1週間に1度は、第29条が定める臨時会期の期間内でも、国会議員からの質問およびそれらに対する政府による答弁のために優先的に留保される。

第49条

①首相は、閣議での審議ののち、国民議会において、政府の綱領または場合によっては一般政策の表明について、政府の責任をかける。

②国民議会は、問責動議の表決によって政府の責任を追及する。この動議は、国民議会議員の少なくとも10分の1が署名しない限り受理されない。表決は、動議の提出から48時間が経過した後でなければ行われない。問責動議に対する賛成票のみが数えられ、国民議会議員の過半数の賛成によらなければ、可決されない。次項に定められている場合を除き、ひとりの国民議会議員は、同一の通常会期中に3つを超える動議の、また同一の臨時会期中には1つを超える動議の署名者になることはできない。

③首相は、閣議での審議ののち、政府が提出する予算法律案または社会保障財政法律案の表決の際に、国民議会において政府の責任をかけることができる。この場合、それに続く24時間以内に問責動議が提出され、前項の規定に従って

採択されない限り、当該法律案は可決されたものとみなされる。さらに首相は、会期ごとに別の1つの政府提出法律案または議員提出法律案についても、同様の手続をとることができる。

④首相は、元老院に対して、一般政策の表明についての承認を求めることができる。

第50条

国民議会が問責動議を可決した場合、または政府の綱領もしくは一般政策の表明に賛成しなかった場合には、首相は、大統領に対して政府の辞表を提出しなければならない。

第50条の1

両議院のいずれかにおいて、政府の発議または第51条の1の意味における国会の会派からの請求に基づき、政府は、特定の問題に関して、討議を伴う声明を行うことができ、また政府が決定すれば、自らの責任をかけずにそれを表決に付すことができる。

第51条

通常会期もしくは臨時会期の閉会は、場合により、第49条の適用のために、当然に延長される。同一の目的のため、補充会期も当然に延長される。

第51条の1

各議院の規則が、当該議院の内部で結成された会派の諸権利について定める。議院規則は、関係する議院の野党の会派および少数派のための特別な権利を認める。

第51条の2

①第24条第1項が定める監視および評価の任務を遂行するために、法律が定める要件の下で情報の基本要素を収集することを目的として、各議院内に調査委員会を設置することができる。

②法律が、調査委員会の組織および運営に関わる規律を定める。調査委員会の設置のための要件は、各議院の規則により定められる。

第6章　条約および国際協定

第52条

①大統領は、条約について、交渉し、批准する。

②大統領は、批准に付されない国際協定の締結に関わるすべての交渉について知らされる。

第53条

①平和条約、通商条約、国際組織に関する条約もしくは協定、国家財政を拘束する条約もしくは協定、法律の性質をもつ規定を修正する条約もしくは協定、人の身分に関わる条約もしくは

協定，領土の割譲，交換または併合に関する条約もしくは協定は，法律に基づかなければ，批准されず，承認されない。

②これらの条約もしくは協定は，批准または承認された後でなければ発効しない。

③いかなる領土の割譲，交換または併合も，関係する住民の同意がなければ有効とならない。

第53条の1

①共和国は，庇護および人権と基本的自由の保護に関して，共和国と同一の協定によって拘束されている欧州諸国との間で，庇護申請の審査に関するそれぞれの管轄を決定する協定を締結することができる。

②ただし，申請がこれらの協定に基づく管轄に入らない場合であっても，共和国の当局は，常に，自由のための活動によって迫害されたすべての外国人，あるいはこれ以外の理由でフランスに保護を求めるすべての外国人に対して，庇護を授ける権利を有する。

第53条の2

共和国は，1998年7月18日に署名された条約に定められている要件の下で，国際刑事裁判所の管轄権を承認することができる。

第54条

大統領，首相，両議院のいずれか一方の議長，または60名以上の国民議会議員もしくは60名以上の元老院議員による付託を受けた憲法院が，ある国際協定が憲法に反する条項を含むと宣言した場合，当該協定を批准または承認することの許可は，憲法が改正された後でなければ行われることができない。

第55条

適法に批准または承認された条約もしくは協定は，各協定もしくは条約に関する他方当事国による適用を留保条件として，その公布のときから，法律のそれに優位する権威を有する。

第7章　憲法院

第56条

①憲法院は，9名の構成員から成り，その任期は9年であって，再任は認められない。憲法院は，3年ごとにその3分の1を改選する。構成員のうち3名は大統領によって，別の3名は国民議会議長によって，残りの3名は元老院議長によって任命される。第13条最終項に規定された手続が，これらの任命に適用される。各議院の議長が行う任命は，当該議院の権限ある常任委員会の意見のみに服せしめられる。

②前項に定められた9名の構成員に加えて，元大統領は，当然に，終身の憲法院の構成員となる。

③憲法院の院長は，大統領によって任命される。可否同数の場合には，院長が裁決権を有する。

第57条

憲法院の構成員の職務は，大臣または国会議員の職務と兼任できない。これ以外の兼職不可能性については，組織法律によって定められる。

第58条

①憲法院は，大統領選挙の適法性を監視する。

②憲法院は，大統領選挙についての異議申立てを審理し，投票の結果を公表する。

第59条

憲法院は，異議が申立てられた場合には，国民議会議員および元老院議員の選挙の適法性について判断をくだす。

第60条

憲法院は，第11条，第89条および第15章に定められている国民投票の実施の適法性を監視する。憲法院は，その結果を公表する。

第61条

①組織法律はその審署前に，第11条に定められた議員提出法律案はそれが国民投票に付されるまでに，両議院の規則はその適用前に，憲法院に付託されなければならない。憲法院は，それらの合憲性について裁定する。

②同じ目的で，大統領，首相，国民議会議長，元老院議長または60名の国民議会議員もしくは60名の元老院議員によって，法律は，その審署前に憲法院に付託されることができる。

③前2項に定められている場合には，憲法院は，1か月の期間で判断をくださなければならない。ただし，緊急性が認められる場合には，政府からの請求により，この期間は8日に短縮される。

④これらの場合，憲法院への付託は，審署のための期限を中断する。

第61条の1

①裁判所で進行中の訴訟において，法律の規定が，憲法が保障する権利や自由を侵害していると主張された場合には，定められた期間内に裁定する国務院または破毀院からの移送により，憲法院は，この問題について付託されることができる。

②組織法律が，本条の適用のための要件を定め

る。

第62条

①第61条に基づき違憲であると宣言された規定
は、審署されず、適用もされない。

②第61条の1に基づき違憲であると宣言された
規定は、憲法院判決の公表の時または当該判決
が定める日より廃止される。憲法院は、当該規
定が及ぼす効果が再検討されうる要件と範囲を
決定する。

③憲法院の判決については、いかなる上訴も認
められない。憲法院の判決は、公権力およびす
べての行政機関と司法機関を拘束する。

第63条

組織法律が、憲法院の組織および運営に関する
規律、憲法院において踏むべき手続、とりわけ
憲法院に付託するための異議申立てができる期
間について定める。

第8章　司法機関

第64条

①大統領は、司法機関の独立の保障者である。

②大統領は、司法官職高等評議会によって補佐
される。

③司法官の身分については、組織法律が定める。

④裁判官は、罷免されない。

第65条

①司法官職高等評議会は、裁判官に関して権限
を有する部会と検察官に関して権限を有する部
会からなる。

②裁判官に関して権限を有する部会は、破毀院
の院長が議長を務める。さらに、同部会は、5
名の裁判官と1名の検察官、国務院によって指
名された1名の国務院評定官、1名の弁護士、
および国会にも司法組織にも行政組織にも属さ
ない6名の有識者を含む。大統領、国民議会議
長および元老院議長は、それぞれ2名の有識者
を指名する。第13条最終項に定められた手続は、
有識者の任命に対して適用される。国会の各議
院の議長による任命は、関係する議院の権限あ
る常任委員会の意見にのみ服する。

③検察官に関して権限を有する部会は、破毀院
付検事長が議長を務める。同部会は、さらに、
5名の検察官、1名の裁判官、ならびに第2項
に明記された国務院評定官、弁護士および6名
の有識者を含む。

④裁判官に関して権限を有する司法官職高等評
議会の部会は、破毀院の裁判官の任命、控訴院

院長および大審裁判所所長の任命について提案
を行う。他の裁判官は、同部会の一致した意見
に基づき任命される。

⑤検察官に関して権限を有する司法官職高等評
議会の部会は、検察官の任命について意見を述
べる。

⑥裁判官に関して権限を有する司法官職高等評
議会の部会は、裁判官の懲戒評議会として判断
を下す。同部会は、第2項に示された構成員に
加えて、検察官に関して権限を有する部会に属
する裁判官を含む。

⑦検察官に関して権限を有する司法官職高等評
議会の部会は、検察官に関する懲戒処分につい
て意見を述べる。同部会は、第3項に示された
構成員に加えて、裁判官に関して権限を有する
部会に属する検察官を含む。

⑧司法官職高等評議会は、第64条に基づき大統
領によって出された意見の要請に応えるため
に、全部会を招集する。この全部会は、同様の
形態で、司法官の職業倫理に関する問題および
司法大臣が付託した司法組織に関わるあらゆる
問題について判断する。全部会は第2項に定め
られている5名の裁判官のうちの3名、第3項
に定められている5名の検察官のうちの3名お
よび第2項に定められている国務院評定官、弁
護士、6名の有識者から構成される。全部会に
ついては、破毀院院長が議長を務め、破毀院付
検事長が代理を務めることができる。

⑨懲戒に関わる問題を除き、司法大臣は司法官
職高等評議会の部会における会議に参加するこ
とができる。

⑩司法官職高等評議会は、組織法律によって定
められる要件の下、訴訟当事者から訴えを付託
されることができる。

⑪組織法律が、本条の適用のための要件を定め
る。

第66条

①何人も、恣意的に拘束されない。

②司法機関は、個人的自由の守護者であり、法
律によって定められた要件の下でこの原理の尊
重を保障する。

第66条の1

何人も、死刑を宣告されることはない。

第9章　高等院

第67条

①大統領は、第53条の2および第68条の規定の

留保の下に，その職務の遂行中に行った行為について責任を負わない。

②大統領は，その任期中は，いかなる国内の裁判所あるいは行政機関においても，証言を求められることはなく，訴権，尋問，予審あるいは訴追の対象となることを求められない。あらゆる時効あるいは失権の期間は中断される。

③前項の場合に大統領に対して妨げられた訴訟および手続については，任期の終了から1か月が経過したのちに，大統領に対して再開あるいは開始することができる。

第68条

①大統領は，明らかにその職務の遂行と両立しない職責の怠慢がある場合を除き，罷免されることはない。罷免は，高等院において構成される国会によって宣告される。

②国会のいずれか一方の議院によって採択された高等院の招集の提案は，速やかに他方の議院へ送付され，同議院は15日以内に採決する。

③高等院は，国民議会議長がその長を務める。高等院は，罷免について，秘密投票により1か月以内に判断をくだす。高等院の決定は，直ちに効力を発する。

④本条の適用によりくだされる決定は，関係する議院あるいは高等院の3分の2の多数によって行われる。いかなる投票の委任も禁止される。高等院の招集の提案あるいは罷免に対する賛成票のみが数えられる。

⑤組織法律が，本条の適用のための要件について定める。

第10章　政府構成員の刑事責任

第68条の1

①政府構成員は，職務の遂行中に行われ，実施時に重罪または軽罪であると判断される行為について刑事上の責任を負う。

②政府構成員は共和国法院によって裁かれる。

③共和国法院は，法律に基づく，重罪および罪の定義および刑罰の決定によって拘束される。

第68条の2

①共和国法院は，15名の判事を含む。すなわち，両議院の改選または一部改選を経たあとの国民議会および元老院によって，各議院内部において同数で選出された12名の国会議員および3名の破毀院裁判官である。これらの破毀院裁判官のうち1名が共和国法院の議長を務める。

②政府構成員がその職務の遂行中に行った重罪

または軽罪によって侵害を受けた者は誰でも調査委員会に告訴することができる。

③調査委員会は，手続の棄却，あるいは共和国法院への提訴のための破毀院検事総長への移送を命じる。

④さらに，破毀院検事総長は，調査委員会の一致した意見に基づき共和国法院に職権で訴えることができる。

⑤組織法律が，本条の適用のための要件を定める。

第68条の3

本章の規定は，その発効前に行われた行為にも適用される。

第11章　経済社会環境評議会

第69条

①経済社会環境評議会は，政府からの諮問を受けて，同評議会に付託された政府提出法律案，オルドナンス案，デクレ案および議員提出法律案について，意見を答申する。

②経済社会環境評議会は，付託された政府提出または議員提出の法律案について，両議院において同評議会の意見を表明するために，同評議会の構成員の中から1名を自ら指名することができる。

③経済社会環境評議会は，組織法律が定める要件の下，請願を通じて問題を付託されることができる。請願を審査したのち，同評議会は，政府および国会に対して提案すべき結果について通知する。

第70条

経済社会環境評議会は，経済的，社会的あるいは環境的な性質をもつあらゆる問題について，政府および国会からの諮問を受けることができる。また，政府は，公的財政の数年にわたる方針を決定する計画策定法律の案についても同評議会に対して諮問することができる。すべての，経済的，社会的あるいは環境的な性質をもつ計画または計画策定法律案は，同評議会から意見を得るために，同評議会に付託される。

第71条

経済社会環境評議会の構成員の数は233名を超えてはならず，また，同評議会の構成および運営規則については組織法律によって定められる。

第11章の2　権利擁護官

第71条の1

①権利擁護官は，国の行政機関，地方公共団体，公施設法人および公役務を担うあらゆる組織あるいは組織法律が権限を付与したあらゆる組織によって，権利および自由が尊重されるように監視する。

②権利擁護官は，組織法律が定める要件の下，公役務または第1項に定める組織の作用により権利を侵害されたとするあらゆる人から申立てを受けることができる。また，権利擁護官は，職権で自ら申立てを行うこともできる。

③組織法律が，権利擁護官の権限および介入の方法について定める。当該組織法律は，権利擁護官が，その権限のうちのいくつかの行使のために，集団による補助を受けることができる条件を定める。

④権利擁護官は，第13条最終項に定められた手続の適用により，大統領により6年の任期で任命され，再任は認められない。その職務は，政府構成員および国会議員と兼任することはできない。その他の兼職禁止については，組織法律によって定められる。

⑤権利擁護官は，大統領および国会に対して，自らの活動について報告を行う。

第12章　地方公共団体

第72条

①共和国の地方公共団体は，市町村，県，州，特別の地位を有する公共団体および第74条に定められている海外公共団体である。他の地方公共団体は，場合により，本項に定められている1つまたは複数の公共団体の代わりに，法律によって創設される。

②地方公共団体は，その段階で最もよく実施しうる権限の全体について決定をくだす任務を有する。

③法律によって定められた要件の下で，これらの公共団体は，選出される議会によって自由に統治し，自らの権限の行使のための命令制定権を有する。

④組織法律が定める要件に従い，かつ公的自由あるいは憲法上保障されている権利の行使にとって本質的な条件が問題になっている場合を除き，地方公共団体あるいはその連合体は，法律または命令が定めをおく場合には，必要に応じて，実験的かつ限定された1つの目的および期間に限り，その権限の行使について定める立法または命令規定の適用を除外されることができ

きる。

⑤いかなる地方公共団体も，他の地方公共団体に対して後見を行使することはできない。ただし，ある権限の行使が，複数の地方公共団体の協力を必要とする場合には，法律は，そのうちの1つの公共団体あるいは連合体に対して，共同行動の手続を組織することを認めることができる。

⑥共和国の地方公共団体では，政府構成員のそれぞれを代表する国家の代表者は，国益，行政的監督および法律の尊重の任務を担う。

第72条の1

①法律は，各地方公共団体の選挙人が，請願権の行使を通じて，その権限に属する事項を，議会の議事日程に含めることを請求できる要件を定める。

②組織法律が定める要件の下で，1つの地方公共団体の権限に属する決議案または行為案は，当該公共団体の発議により，住民投票を通じて，その公共団体の選挙人の決定に付すことができる。

③特別な地位を有する地方公共団体の創設またはその組織の変更を計画する場合，関係する諸公共団体に登録された選挙人の意見を聞くことを，法律を通じて決定することができる。地方公共団体の境界の変更も，法律で定められた要件の下で，選挙人への諮問の対象とすることができる。

第72条の2

①地方公共団体は，法律が定める要件の下，自由に処分しうる財源を享受する。

②地方公共団体は，あらゆる性質の税収のすべてまたは一部を受け取ることができる。法律は，地方公共団体に対して，それが定める上限の下で，課税の算定基礎および税率を定めることを認める。

③地方公共団体の税収およびその他の独自の財源は，地方公共団体のそれぞれのカテゴリーに関して，財源の全体の重要な一部を表す。組織法律が，この準則が実施される要件を定める。

④国と地方公共団体の間の権限の委譲は，その行使に必要な分と同等の財源の付与を伴う。地方公共団体の支出を増やす結果をもたらす，あらゆる権限の創設あるいは拡大は，法律によって定められる財源を伴う。

⑤法律が，地方公共団体の間の平等を促進するための調整に関する規定を定める。

第72条の3

①共和国は，フランス人の中に，自由，平等および友愛という共通の理想の下，海外の住人の存在を認める。

②グアドループ，フランス領ギアナ，マルティニーク，レユニオン，マイヨット，サン・バルテルミー，サン・マルタン，サン・ピエール・エ・ミクロン，ワリス＝フツナ諸島並びにフランス領ポリネシアは，海外県・海外州および第73条最終項の適用により設立された地方公共団体について規定する第73条，およびその他の公共団体について規定する第74条によって規律される。

③ニューカレドニアの地位は，第13章によって規律される。

④法律は，フランス領南方・南極地域およびクリッパートンの法制度および特別な組織について定める。

第72条の4

①第72条の3第2項に掲げる公共団体のひとつについて，その全部または一部に関し，第73条および第74条に規定する制度へのいかなる変更も，次項に定める要件の下で，当該公共団体の選挙人あるいは関係する公共団体の一部の選挙人の同意が予め得られることなしに，行われてはならない。この制度変更は，組織法律によって定められる。

②大統領は，官報に掲載された，会期中の政府からの提案または両議院からの共同提案に基づき，海外の地方公共団体の選挙人に，その組織，権限あるいは法制度に関する問題について，意見を聞くかどうかを決定することができる。この意見聴取が，前項が定める変更に関わり，政府の提案に基づいて行われる場合は，政府は，各議院で宣言を行い，これに引き続き，当該議院で審議が行われる。

第73条

①海外県・海外州では，法律および命令は当然に適用される。これらの規範は，これらの公共団体に固有の性質や制約を考慮し，調整の対象となりうる。

②これらの調整は，これらの公共団体がその権力を行使する分野に関して，場合に応じてそれについて法律または命令によって権限を付与されている場合に，決定されることができる。

③第1項の例外として，かつ，その特殊性を考慮して，本条によって規律される公共団体は，

法律制定事項または命令制定事項に属する事柄の一部について，自らの領域に適用される規範を自ら定める権限を，場合に応じて，法律または命令により付与されることができる。

④これらの規定は，国籍，公民権，公的自由の保障，人の身分および能力，司法の組織，刑法，刑事手続，外交政策，国防，公共の安全および秩序，通貨，信用および為替，さらに選挙権に関するものであってはならない。この列挙については，組織法律によって詳細が定められ，補完されることができる。

⑤前2項が定める規定は，レユニオンの県および州には適用されない。

⑥第2項および第3項に規定されている授権は，関係する公共団体からの要請により，組織法律の定める要件および留保の下に行われる。これらの授権は，公的自由や憲法上保障されている権利の行使に不可欠な要件が問題になっている場合には，行われない。

⑦海外県または海外州に代替する，法律による公共団体の創設，あるいはこれら2つの公共団体のためのひとつの議会の設置は，第72条の4第2項が定める様式に則って，これらの公共団体の管轄に登録されている選挙人の同意が得られない限り，行われてはならない。

第74条

①本条が適用される海外公共団体は，共和国内においてそれぞれが有する固有の利益を考慮した地位を有する。

②この地位は，（当該公共団体の）議会の意見ののちに採択される組織法律が決定する。当該組織法律は以下の事項について定める：

—当該公共団体で法律や命令が適用される要件。

—当該公共団体の権限。当該公共団体によってすでに行使されている権限を留保して，国の権限の委譲は，第73条第4項に列挙され，場合により，組織法律によって詳細が定められ補完される事項に関わるものであってはならない。

—当該公共団体の機関の組織および機能に関する規定および議会の選挙制度。

—当該公共団体に固有な規定を含む政府提出法律案および議員提出法律案ならびにオルドナンスとデクレの草案，加えて，当該公共団体の権限に属する事項に関して締結される国際協約の批准または承認について，当該公共団体の諸機関の意見が聴取される要件。

③同様に，組織法律も，自治を認められたこれ

らの公共団体の諸機関に関して，次の場合の要
件を定めることができる：
―法律制定事項に関して議会が行使する権限の
名の下に行う一定の行為類型に関して，国務院
が特別な裁判的統制を実施する要件。
―とりわけ当該公共団体の当局から申立てを受
けた憲法院が，この公共団体の権限の範囲内に，
当該公共団体の地位の発効よりのちに審署され
た法律が介入していると判断した場合に，この
法律を（当該公共団体の）議会が改正するため
の条件。
―雇用へのアクセス，職業活動の行使のための
営業権，不動産の保護に関して，当該公共団体
の住民のために，その公共団体によって，地域
的な必要性から正当化される措置がとられるた
めの要件。
―当該公共団体が，国による監視のもと，公的
自由の行使のために国土全体において認められ
ている保障を尊重して，国が有する権限の行使
に参加できる要件。
④本条に属する諸公共団体の特別な組織に関す
るその他の形態については，当該公共団体の議
会への諮問のあと，法律によって決定され改正
される。

第74条の1
①第74条に定められている海外公共団体および
ニューカレドニアにおいて，政府は，国の権限
にある事項について，必要な調整とともに，オ
ルドナンスにより，本土で有効な法律の性格を
有する規定を拡大したり，関係する公共団体の
特別な組織に対して有効な法律の性格を有する
規定を調整したりすることができる。ただし，
法律が，関係する規定について，この手続の利
用を明示的に排除していない場合に限る。
②オルドナンスは，関係する公共団体の議会お
よび国務院の意見を得たのち，閣議において定
められる。これらのオルドナンスは，公布され
た時点で効力を発揮する。この公布から18か月
の期間のうちに，国会が承認しない場合には，
オルドナンスは失効する。

第75条
第34条のみに規定されている，普通法に基づく
民事上の身分をもたない共和国の市民は，自ら
それを放棄しない限り，その個人的地位を保持
する。

第75条の1
地域の言語は，フランスの資産に属する。

第13章　ニューカレドニアに関する移行規定

第76条
①ニューカレドニアの住民は，1998年12月31日
の前に，1998年5月5日にヌメアで署名され，
1998年5月27日に共和国の官報に掲載された協
定の規定に関して意見を表明することを求めら
れる。
②1988年11月9日の法律第88-1028号第2条が
定める要件を満たす者は，投票に参加すること
を認められる。
③投票を組織するために必要な措置は，閣議で
審議されたのち，国務院のデクレによってとら
れる。

第77条
①第76条に規定されている意見聴取によって協
定が承認されたあと，ニューカレドニアの議会
の意見ののちに制定される組織法律が，上述の
協定によって定められる方針を尊重しつつ，そ
の実施に必要な方式の下で，ニューカレドニア
の発展を保障するために次の事項について決定
する：
―ニューカレドニアの諸機関に最終的に委譲さ
れる国の権限，この委譲の期間および方式，さ
らにその結果として生じる負担の分配。
―ニューカレドニアの諸機関の組織および機能
に関わる規定，とりわけ，ニューカレドニアの
議会が定めた法令の一部が，その公布前に憲法
院の審査に付される要件。
―市民の資格，選挙制度，雇用および慣習によ
る身分に関する規則。
―ニューカレドニアの関係する住民が，完全な
主権を取得することについて意見を表明するよ
う求められる要件および期間。
②第76条が言及する協定の実施に必要なその他
の措置については，法律が定める。
③ニューカレドニアおよびその地方の議会の構
成員を選出するために必要な選挙団の決定のた
めに，第76条が定める協定およびニューカレド
ニアに関する1999年3月19日の組織法律第99-
209号第188条および189条が参照する名簿は，
上述の第76条が定める投票の際に示され，この
名簿には，当該投票に参加することを認められ
ない人びとも含まれる。

第78条～第86条　廃止

第14章　フランス語圏および提携協定

第87条

共和国は，フランス語を共有する諸国家と人民との間の連帯と協力の発展に関わる。

第88条

共和国は，文明を発展させるために，共和国と連携することを希望する諸国家との間に協定を締結することができる。

第15章　欧州連合

第88条の1

共和国は，2007年12月13日にリスボンで署名された条約に由来する，欧州連合条約および欧州連合運営条約に基づき，一定の権限を共同で行使することを自由に選択した諸国家によって構成される欧州連合に参加する。

第88条の2

法律が，欧州連合の諸機関によって定められる法令の適用により，欧州逮捕状に関する規定を定める。

第88条の3

相互主義を留保し，かつ1992年2月7日に署名された欧州連合条約が定める方式に従い，市町村議会議員選挙の選挙権および被選挙権が，フランスに居住する連合の市民に限り付与される。これらの市民は，市町村長あるいは助役の職を務めること，および元老院議員の選挙人の指名および元老院議員の選挙に参加することはできない。両議院によって同一の文言で採択される組織法律が，本条の適用要件について定める。

第88条の4

①政府は，欧州の立法行為に関わる政府提出法律案およびその他の欧州連合の行為に関する政府提出法律案または議員提出法律案について，それを欧州連合の理事会に送付したのち，直ちに国民議会および元老院に提出する。

②各院規則によって定められた方式に従い，第1項に記載された政府提出法律案または議員提出法律案および欧州連合の諸機関から出されるあらゆる文書について，場合によっては会期外において，欧州に関わる決議を採択することができる。

③国会の各議院内に，欧州に関わる問題を扱う委員会が設置される。

第88条の5

①ある国家の欧州連合への加盟に関わる条約の批准を承認する政府提出法律案は，すべて，大統領によって国民投票に付される。

②ただし，各議院で5分の3の多数によって同一の文言で動議が決議された場合には，国会は，第89条第3項に定められた手続に従い，政府提出法律案の採択を承認することができる。

第88条の6

①国民議会または元老院は，ある欧州立法行為案が，補完性の原理と合致しているか否かについて，理由を付した意見を出すことができる。当該意見は，関係する議院の議長によって，欧州議会，理事会および委員会の長へ送られる。政府はこのことについて知らされる。

②各議院は，補完性の原理への違反を理由に，欧州立法行為についてEU裁判所へ訴えを提起することができる。この提訴は，政府により，EU裁判所へ付託される。

③以上の目的のために，場合によっては会期外であっても，各議院の規則によって定められる発議および審議の方式に従い，決議を採択することができる。60名の国民議会議員または60名の元老院議員から要請があった場合には，提訴は当然に行われる。

第88条の7

国民議会および元老院によって同一の文言で採択された動議の表決により，国会は，簡素化された条約改正あるいは民事司法協力という名目で，2007年12月13日にリスボンで署名された条約に由来する欧州連合条約および欧州連合運営条約によって規定されている場合には，欧州連合の行為の採択に関する規定の改正に反対することができる。

第16章　改正

第89条

①憲法改正の発議は，首相の提案に基づく大統領，および国会議員の双方に認められる。

②憲法改正のための政府提出法律案または議員提出法律案は，第42条第3項が定める期間に関わる要件の下で審議され，かつ同一の文言において両議院によって表決されなければならない。改正は，国民投票によって承認されたのちに，確定される。

③ただし，憲法改正のための政府提出法律案は，両院合同会議として招集される国会に，大統領がそれを提出することを決定した場合には，国

民投票には付されない。この場合，憲法改正のための政府提出法律案は，有効投票の5分の3の多数が得られなければ承認されない。両院合同会議の事務局は国民議会のそれが務める。

④領土の一体性が侵害されている場合には，いかなる憲法改正手続も開始され，あるいは継続されることはない。

⑤共和政体は，憲法改正の対象にはできない。

環境憲章（2004年6月24日）

フランス人民は，

自然界の資源と均衡が人類の出現の条件であったこと，

人類の未来および存在そのものが人類を取り巻く自然環境と不可分であること，

環境が人類の共有財産であること，

人が生命の条件とその発展について影響力を増大していること，

生物の多様性，人間の繁栄および人間社会の発展が，一定の消費または生産の様式および天然資源の過剰な開発によって影響を受けていること，

環境の保全が国家の他の基本的な利益と同様に追求されなければならないこと，

持続可能な発展を確保するため，現在の必要性に応えるための選択が，将来の世代と他国の人民の固有の必要性を充たす能力を侵してはならないことを考慮して，

以下を宣言する。

第1条　各人は，均衡がとれ，かつ健康が尊重される環境の中で生きる権利を有する。

第2条　何人も，環境の保全および改善に参加する義務を有する。

第3条　何人も，法律の定める要件に従って，自己が環境に与えうる損害を防止するか，それができない場合は，その影響を抑制しなければならない。

第4条　何人も，法律の定める要件に従って，自己が環境に与えた損害の修復に貢献しなければならない。

第5条　科学的知見の現状から被害の発生が不確実であっても，環境に重大かつ不可逆的な影響を与える可能性がある場合は，公的機関は，損害の発生を回避するために，予防原則に基づき，かつその権限の範囲内において，危険評価手続を実施し，暫定的かつ比例的な措置を講じることを保障する。

第6条　公共政策は，持続可能な発展を促進しなければならない。このため公共政策は，環境の保護と開発，経済的発展と社会の進歩を調和させる。

第7条　何人も，法律の定める要件と制約に従って，公的機関が保有する環境に関する情報にアクセスし，環境に影響を与える公的決定の策定に参加する権利を有する。

第8条　環境に関する教育および人材養成は，本憲章の定める権利および義務の行使に貢献しなければならない。

第9条　研究および技術革新は，環境の保全および開発のために貢献しなければならない。

第10条　本憲章は，フランスのヨーロッパおよび国際社会での行動を促進する。

＊翻訳にあたり，主に以下の文献を参照した。

初宿正典・辻村みよ子編『新解説世界憲法集』〔第5版〕［辻村みよ子訳］（三省堂，2020年）

辻村みよ子・糠塚康江『フランス憲法入門』（三省堂，2012年）

中村義孝『フランス憲法史集成』（法律文化社，2003年）

畑博行・小森田秋夫編『世界の憲法集』〔第5版〕［光信一宏訳］（有信堂高文社，2018年）

あとがき

　大学時代の短期留学以来，これまで何度もフランスを訪問する機会がありました。そこで目にしてきたのは，フランスの人びとが，自ら，必死に生活のために闘っている姿でした。中でも衝撃的だったのが，モンペリエ大学に留学していた頃，ワインが売れずに困窮したブドウ栽培者のグループが夜中に大型スーパーマーケットに侵入し，ワインの瓶を叩き割ってまわり逮捕されたというニュースでした。大型店舗の棚が空になれば，多少は自分たちの在庫がはけるかもしれないと考えたようです。街には生産者やブドウ農家の窮状を訴えるビラがあちこちに貼られ，県庁や警察に向けて火炎瓶が投げ込まれるという事件もありました。もちろん，困窮しているからといって犯罪が許されるわけではありませんが，フランスワインのおしゃれでセレブなイメージが一変され，これがきっかけとなって，ワインを社会問題として考えるようになりました。

　苦しい状況を行動によって，堂々とメッセージを発することによって打開していこうというフランスの人びとの発想は，昨今のパンデミック，ロシア・ウクライナ情勢を背景とする物価高騰下において，より明確に見ることができます。生活が苦しくなる中，フランスの人びとは，「デモ」「スト」を通じて，生きていくために闘い，賃金の上昇を獲得しています。他方で，日本では物価高騰に直面し，いかに生活に困窮しようとも，人びとは声をあげたり，具体的な行動に出たりすることは稀で，政府や行政の対応を待つだけに甘んじてしまい，その結果，諸外国との賃金格差は広がるばかりです。かつて「経済大国」といわれていた日本は，いつの間にか，若者から高齢者まで，多くの国民が貧しい生活を強いられる国になってしまったような気がしてなりません。急激な出生率の低下も，こうした状況と無縁ではないでしょう。「世間」の目を気にする日本人の気質が，憲法で保障されている正当な権利行使すらやりにくいものにしているようです。その対極にあるのが，まさにフランス社会ではないでしょうか。

　新型コロナウイルスが猛威を振るい，オンラインでの遠隔授業を強いられて

いた2020年8月，菅原真教授および法律文化社の舟木和久さんから，今日のフランス社会における人権問題に焦点を当てたフランス憲法の入門書を出版できないだろうかという相談を受けました。以前，フランス法の入門書の刊行を志しながらも途中で断念してしまった経緯があり，今回は，なんとしても実現したいという思いでお引き受けさせていただくことにいたしました。幸運にも，小林真紀教授に編者に加わっていただき，さらに，佐藤修一郎教授，石川裕一郎教授，そして金塚オーバン彩乃弁護士にも執筆していただけることになりました。しかしながら，編者，執筆者とも，学内外のさまざまな業務に忙殺されていまい，原稿がなかなか出揃わず，一時は，出版が危ぶまれる厳しい状況に追い込まれることもありました。本書担当の舟木さんには，本当にご心労をおかけしました。辛抱強く，最後まで何度も鼓舞していただき，ようやく出版にこぎ着けることができました。心から感謝申し上げます。

2023年1月

編著者を代表して　**蛯原　健介**

索　引　（太数字は該当頁で詳述箇所）

執筆者紹介

（執筆順，※は編著者）

※小林　真紀　愛知大学法学部教授

　　　　　　　序論，第1部扉，第1部第3章・第4章，第2部第5章，フランス憲法関連資料

※蛯原　健介　明治学院大学法学部教授

　　　　　　　　　　第1部1章，第2部扉，第2部第7章・第9章，フランス憲法関連資料

※菅原　真　南山大学法学部教授　　　　　第2部第1章・第3章，フランス憲法関連資料

佐藤修一郎　中央大学理工学部教授　　　　　　　　第1部第2章，第2部第2章

石川裕一郎　聖学院大学政治経済学部教授　　　　第2部第4章・第6章・第8章

金塚オーバン彩乃　弁護士（第二東京弁護士会），フランス共和国弁護士（パリ弁護士会）

　　　　　　　　　　　　　　　　　　　　　　　　　　　　　第2部第10章

Horitsu Bunka Sha

フランス憲法と社会

2023年4月25日　初版第1刷発行

編著者	小林真紀・蛯原健介 菅原　真
発行者	畑　　光
発行所	株式会社 法律文化社

〒603-8053
京都市北区上賀茂岩ヶ垣内町71
電話 075(791)7131　FAX 075(721)8400
https://www.hou-bun.com/

印刷：亜細亜印刷㈱／製本：㈲坂井製本所
装幀：谷本天志
ISBN978-4-589-04262-0

現代憲法教育研究会編

憲法とそれぞれの人権〔第4版〕

A5判・234頁・2860円

当事者のおかれた現実を憲法の視点から検証しつつ、現実に抵抗する際の憲法の力に着目する。外国籍保持者やジェンダーをめぐる問題など昨今の人権をめぐる動向を全面改訂。新聞記者の眼から人権問題に迫るコラムも新設。

倉持孝司・村田尚紀・塚田哲之編著

比較から読み解く日本国憲法

A5判・248頁・3190円

憲法学習にとって必要な項目を網羅し、判例・学説と各論点に関連する外国の憲法動向を紹介し比較検討。日本の憲法状況を外側から眺める視点を提供するとともに、日本と外国の制度の違いを内側から考えられるように工夫した。

駒村圭吾・吉見俊哉編著

戦後日本憲政史講義
— もうひとつの戦後史 —

A5判・402頁・6490円

戦後日本の政治・社会を憲法の視点から読み込み、「戦後」の意味を問う。文化的背景にも着目し、憲法の実相と重みを描写。【執筆者】駒村・吉見・山崎友也・新井誠・西村裕一・横大道聡・片桐直人・原田一明・水谷瑛嗣郎・岡田順太・瑞慶山広大・愛敬浩二・青井未帆・キム ソンホ

安江則子編著

ＥＵとフランス
— 統合欧州のなかで揺れる三色旗 —

A5判・230頁・3080円

EUによるガバナンスと加盟国による法の受容と政策の実施過程を、フランスを事例に多角的・包括的に分析する。憲法的アイデンティティ、移民政策、農業政策、メディア政策および仏独関係等アクチュアルな争点を考察する。

渡邊啓貴・上原良子編著

フランスと世界

A5判・272頁・3300円

フランスと世界をめぐる事情に関心のある方を対象とする書籍。第三共和制から現代までのフランス外交史を概観したうえで、フランスと各国・地域との関係を読み解き、トピック別にフランスの政策・立場を紹介。コラム、文献案内、年表も充実。

島岡まな・井上宜裕・末道康之・浦中千佳央著

フランス刑事法入門

A5判・340頁・4290円

刑法、刑事訴訟法、刑事政策のⅢ部構成で、フランスの刑事司法の概要と特徴をまとめる。外国法・比較法の導入学習に最適の書。巻末に専門用語の日仏対照表も収録。初学者の学修を手厚くサポート。姉妹版に「ドイツ刑事法入門」あり。

—— 法律文化社 ——

表示価格は消費税10%を含んだ価格です